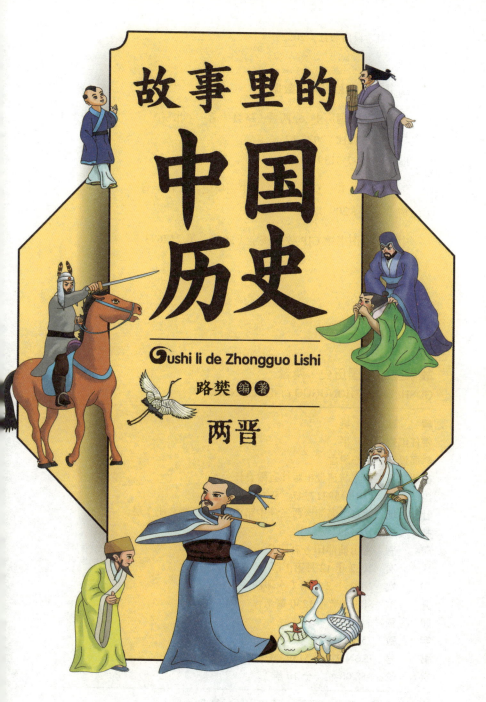

故事里的
中国历史

Gushi li de Zhongguo Lishi

路樊 编著

两晋

民主与建设出版社
·北京·

图书在版编目（CIP）数据

故事里的中国历史.6,两晋 / 路樊编著. -- 北京：民主与建设出版社，2022.12

ISBN 978-7-5139-4029-0

Ⅰ.①故… Ⅱ.①路… Ⅲ.①中国历史—晋代—青少年读物 Ⅳ.① K209

中国版本图书馆 CIP 数据核字（2022）第 212693 号

故事里的中国历史·两晋
GUSHI LI DE ZHONGGUO LISHI LIANGJIN

编　著	路　樊	
责任编辑	郝　平	
封面设计	书心瞬意	
出版发行	民主与建设出版社有限责任公司	
电　话	（010）59417747　59419778	
社　址	北京市海淀区西三环中路 10 号望海楼 E 座 7 层	
邮　编	100142	
印　刷	唐山楠萍印务有限公司	
版　次	2022 年 12 月第 1 版	
印　次	2023 年 2 月第 1 次印刷	
开　本	880 毫米 × 1230 毫米　　1/32	
印　张	5	
字　数	75 千字	
书　号	ISBN 978-7-5139-4029-0	
定　价	358.00 元（全 10 册）	

注：如有印、装质量问题，请与出版社联系。

目录
Contents

第1章 功过参半的晋武帝

第2章 八个王爷的混战史

第3章 五胡举兵乱西晋

第4章　晋朝有了新生命

第5章　桓温的北伐之路

第6章 苻坚折戟江南

第7章　东晋遇到了掘墓人

两晋

公元 265 年—公元 420 年

两晋历程

•••• 八王之乱 ••••

公元 291 年、公元 299 年—公元 306 年，西晋的皇族为争夺中央政权而发生内乱，东海王司马越成为最终的胜利者。

•••• 五胡乱华 ••••

公元 304 年—公元 439 年，自西晋内乱开始，塞外众多游牧民族陆续建立数个非汉族政权，最终形成与南方汉人政权的对峙。

•••• 西晋灭亡 ••••

公元 316 年，匈奴汉国军队围困长安城，绝境中的西晋君臣投降，西晋王朝至此终结。

桓温北伐

公元354年、356年及369年，东晋将领桓温先后三次对北方十六国发动北伐战役。

淝水之战

公元383年，统一北方的前秦向东晋发起战争，双方决战于淝水，最终东晋以八万军力打败了前秦的近百万军力。

东晋灭亡

公元420年，宋公刘裕废晋恭帝，建立刘宋，东晋灭亡，中国历史进入南北朝时期。

两晋历程

第**1**章
功过参半的晋武帝

有言在先

晋武帝登基开国，完成了爷爷司马懿和父亲司马昭不曾完成的心愿。此时，年轻力壮的晋武帝好像打了鸡血，实施了一系列务实靠谱的操作，又是稳政权、吞孙吴，又是行节俭、促经济，可谓是"新帝上任三把火"，社会一度呈现了"太康盛世"的繁荣景象。

但到了后期，晋武帝的思想开始麻痹，生活开始腐化，不仅君臣赛富，而且还大肆卖官，其表现不禁令人唏嘘。一时间，朝廷上下处处呈现奢靡之风，这无疑为晋武帝的子孙们挖了一个"大坑"。

新帝上任"三把火"

故事主角：晋武帝

故事配角：曹奂、许奇、王宏等

发生时间：公元 266 年—公元 290 年

故事起因：晋武帝在位初期，不断革新政治、稳定政权、振兴经济

故事结局：晋武帝统一天下，也使得社会呈现"太康盛世"的繁荣景象

常言道："欲戴王冠，必承其重。"公元 265 年，司马炎如愿当上了皇帝，但他心里并不轻松，此时的天下还是一个"烂摊子"。孙吴未平，政权不稳，经济颓废，百姓生活苦不堪言，对年轻的晋武帝来说，可谓任重而道远。为此，雄心勃勃的晋武帝想大施拳脚，有所作为。

面对曹氏和投降过来的蜀国旧臣，晋武帝没有"一

5

刀砍"，而是手下留情了。

晋武帝下诏让陈留王曹奂保留天子的礼仪制度，不向他称臣。曹奂死后，晋武帝还追尊他为元皇帝。晋武帝选赐安乐公刘禅子弟中的一人为驸马都尉，第二年又解除了对汉室的禁锢。这些收买人心的措施，收到了很好的效果，不仅解除了内

看见你们丰收，我真是高兴。

患，也消除了司马家族的心理阴影，可谓"一石二鸟"。

人才是创业的根本，晋武帝对此研究得很透。为拉起一支实力出众的人才队伍，他下诏选用贤能，实行无为而治的政治策略。许奇的父亲许允因参与魏主**废黜**（fèi chù；罢免；革除）司马师的密谋，事情泄露后被杀。晋武帝

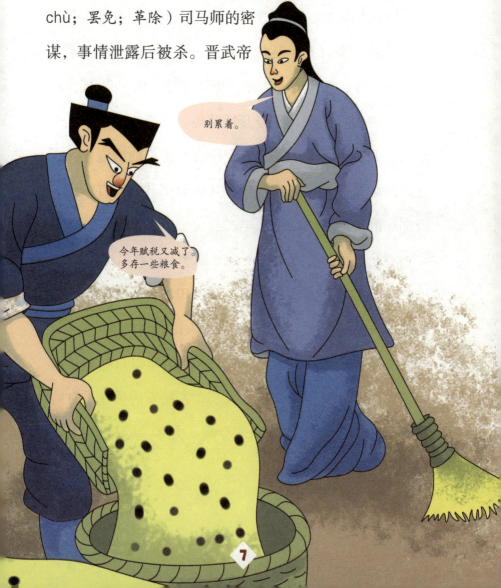

别累着。

今年赋税又减了。多存一些粮食。

认为许奇有才，不顾别人反对，给他封了重要官职。后来，他还选用了一批原在蜀汉朝廷任职的人，其中包括诸葛亮的孙子诸葛京。晋武帝以广纳贤才的胸怀，把很多有才能的人聚到了麾（huī）下。

全国统一后，西晋政治上趋于安定，但由于多年战争的创伤，老百姓生活依然很艰苦。公元 266 年，司马炎颁布诏令，鼓励农业生产。史料记载，汲（jí）郡太守王宏重视农业生产，积极开垦荒地、兴修水利，扩大劳动力，开荒五千余顷。王宏重视农业生产的措施收到了良好的效果。后来遇到荒年，其他的郡县人民有饥色，汲郡却粮食充足，人民仍能安居。

除此之外，晋武帝还下令兴修水利，灌溉良田 1500 顷；废除屯田制，实行占田法和课田法。这些政策大大减轻了农民的负担，极大地提高了农民的生产积极性。

由于晋武帝的强力措施，公元 280 年以后的多年时间里，西晋发展生产，兴修水利，人民安居乐业，自给自足，出现了经济繁荣的升平景象，史称"太康盛世"。

羊祜是个真君子

故事主角： 羊祜

故事配角： 陆抗、孙皓、晋武帝、杜预等

发生时间： 公元 269 年—公元 280 年

故事起因： 羊祜坐镇襄阳时，屯田兴学，以德怀柔，深得军民之心

故事结局： 羊祜抓住时机，劝说晋武帝攻打吴国，最终平定了吴国

羊祜（hù）是晋武帝时的征南大将军，也是西晋开国元勋。公元 269 年，羊祜担任荆州都督时，一直驻守襄（xiāng）阳。在那里，他善待百姓，深得百姓爱戴。

不仅如此，即使对待吴国的军民，羊祜也是大施仁德。羊祜率军经过吴国的边境，战士割稻谷充军粮，一定要如数付给钱币。他带人游猎，每次都在吴国边界上停下来，从不越界。羊祜的所作所为，使吴国人深受感动，吴国

9

人都尊称他为"羊公"。

当时吴军西部的都督是陆抗，他是陆逊（xùn）的儿子，同样是一位满腹韬（tāo）略的杰出将领。陆抗早就看出了羊祜的计谋，他常对部下说："晋军一味讲仁德，可是我军一味地对百姓粗暴。如此下去，对我军很是不利。眼下之计，只有守护好边界，不要去贪图小利。"

羊祜也深深了解陆抗的才能，所以有陆抗在的一天，他都不会主动挑起战争，因为知道没有胜算。后来，陆抗受到吴主孙皓（hào）的猜忌，被调离了吴晋对峙（zhì）的前线。

千载难逢的机会就这样送上门来了。羊祜马上抓住这个时机，劝说晋武帝发兵攻打吴国。他认为，如果不趁孙皓这个昏君在位的时候发兵，等吴国换了一个贤明的君主，可能就没有机会平定吴国了。晋武帝终于被羊祜说动了。

这时的羊祜已经年老多病，不能亲自指挥这场战争，他就向晋武帝举荐了杜预。公元 280 年，杜预带领晋军，在羊祜病逝后一举平定了吴国。

在岘（xiàn）山，襄阳的百姓给羊祜建了一座纪念石碑。因为人们凭吊的时候，总是忍不住望碑落泪，所以杜预就将这座石碑命名为"堕泪碑"。

石崇：我比你有钱

故事主角：石崇

故事配角：王恺、晋武帝、众官员等

发生时间：不详

故事起因：王恺和石崇比富，王恺从晋武帝处得到珊瑚树，很是得意

故事结局：石崇砸碎了王恺的珊瑚树，从自家搬来几十株珊瑚树让他挑选，王恺只能认输

随着国家的强大，渐渐地，晋武帝开始不清醒了，整日沉迷在荒淫的生活里。有晋武帝的带头，朝廷里的大臣们也把摆阔气当作很有面子的事。

右将军王恺（kǎi）颇得武帝的宠爱和器重，他不仅欺压百姓，还聚敛财富。他与石崇、羊琇（xiù）并称"三大富豪"。

羊琇和王恺都是外戚，他们的权势高于石崇，但是在财富上却被甩了几条街。石崇是当时的"超级富豪"，

他到底有多少钱，连他自己也说不清。石崇的钱是哪儿来的？通过搜刮、抢劫等各种手段得来的。

石崇听说王恺非常有钱，就想跟他比一比。他听说王恺家用饴（yí）糖水洗锅，就命令厨房用蜡烛当柴烧火。

王恺为了炫富，在门前的大路两旁，用紫丝编成屏障，延伸 40 里地，轰动了整个洛阳城。

石崇很不服气。他用比紫丝还贵重的彩缎，铺设了 50 里屏障，不仅比王恺的屏障长，而且更豪华。

一看落了下风，王恺就向晋武帝请求帮忙。晋武帝觉得这样的比赛挺有意思，就把宫里收藏的一株两尺多高的珊瑚（shān hú）树赐给了王恺。

王恺一下来了劲头，特地请石崇和一些官员到家里喝酒。酒过三巡，王恺得意地对众人说："我家有一株罕见的珊瑚树，请大家一起来观赏怎么样？"王恺边说，边让侍女把珊瑚树搬出来。那株珊瑚树有两尺高，长得枝条匀称，色泽鲜艳。大家看了，都说是难得一见的宝贝。

石崇在一旁冷笑，顺手抓起案头上的**铁如意**（一种挠痒痒的器物），朝着珊瑚树正中砸去，那株珊瑚树瞬间被砸得粉碎。周围的官员们都**大惊失色**（非常害怕，脸色都变了），王恺更是气得暴跳如雷。

石崇不慌不忙地喊来随从们，让把他家里的珊瑚树统统搬来让王恺挑选。

不一会儿，石崇的随从们搬来了几十株珊瑚树。这些珊瑚树中，三四尺高的就有六七株，大的竟比王恺的高出一倍，株株都光彩夺目。周围的人都看呆了。王恺这才知道自己的财富远远比不上石崇，只好认输了。

不被看好的太子

故事主角：晋武帝、司马衷

故事配角：司马攸、卫瓘、司马遹等

发生时间：公元 267 年—公元 290 年

故事起因：晋武帝司马炎立司马衷为太子，遭到大臣们的反对

故事结局：虽然司马衷的太子之位屡次受到威胁，却还是熬到了登基

　　在古代，一些圣人和皇帝的出生，总是伴着荒诞的传说。而且日后的他们，要么贤名远播，要么雄才大略，总之不是一般人。但这一神奇的规律，却被晋武帝的儿子司马衷打破了。

　　相传司马衷的母亲，怀胎 20 个月才生下他。只不过他既不是圣贤，也不是雄主，而是历史上出名的傻小子——晋惠帝。

　　公元 267 年，刚刚九岁的司马衷，就被立为皇太子。

司马衷本来有个哥哥，但活到两岁就没了。于是，司马衷就成了嫡长子，也理所当然地成了皇太子。对于这一决定，大臣们也是一脸无奈和惊愕（è），毕竟以后要围着一个低能的皇帝转，简直不敢想象。

待司马衷渐渐长大，晋武帝也开始流露出对这个太子的不满，甚至想换掉太子，杨皇后反对说："立太子是以长子而不以才德，怎么能改变？"一句话，让晋武帝没了底气。

司马衷的叔叔司马攸（yōu）很优秀，朝中大臣对他也很认可。一次，晋武帝试探性地问大臣们："今后谁是可托付国家大事的人？"朝中很多重臣都说是齐王司马攸。

话倒没错，但晋武帝听了就不高兴了。弟弟司马攸曾差点夺走自己的太子之位，现在又要来夺自己儿子的皇帝宝座，还夺走了朝中大臣的好感。两相对比，晋武帝还是更喜欢自己的儿子。

司马衷智力令人堪忧，但他的儿子司马遹（yù）却天资聪颖。司马遹五岁时，一次宫中晚上失火，晋武帝登楼远望。司马遹拽着爷爷晋武帝的衣襟到暗处。晋武

帝问他原因，司马遹说："夜晚应该防备非常变故，不应让火光照见陛下。"晋武帝因此认为他是奇才。后来，晋武帝抚摸着司马遹的背，对大臣们说："这小儿将来会兴旺我司马家呀！"晋武帝很喜欢这个孙子，因而打消了另立继承人的念头。

一次宴会上，重臣卫瓘（guàn）有些醉意，他迷迷糊糊地走到龙椅前，用手抚座道："可惜了这个位子啊！"这一番话把其他人都弄愣了。可是晋武帝却听明白了，他指着卫瓘道："你真是老了，几杯酒下肚就喝醉了？"晋武帝向内侍挥了挥手，示意他们把卫瓘扶出去。

自此以后，大臣们再无人向晋武帝提换太子的事，司马衷的太子之位也保住了。

是金子，总会发光的

故事主角：左思

故事配角：左熹、陆机、陆云等

发生时间：不详

故事起因：左思决心写《三都赋》，遭到大文学家陆机的讥笑

故事结局：经过十年的努力，左思完成了《三都赋》

左思是西晋时期著名的文学家。可左思小时候很顽皮、不爱读书，不管是学习书法还是鼓琴，都没学成。在父亲左熹（xī）眼里，左思就是个"干啥啥不行，捣蛋第一名"的顽劣孩子。父亲左熹对朋友说："左思通晓、理解的东西，比不上我小时候，看来没有多大出息了。"左思听到这话非常难过，只能通过刻苦学习，拿实力来反驳父亲。

左思的命运还是不错的。有一年，他的妹妹被选入

宫中，全家迁到京城洛阳，他被任命为秘书郎。从这时起，他开始计划写一篇关于三国时期的文章，题目为《三都赋》。三都指魏、蜀、吴三国的都城。为了写好《三都赋》，他每天都到了**废寝忘食**（顾不得睡觉，忘记了吃饭。形容专心努力）的地步，苦心构思这篇文章的思想内容。无论是在饭桌上，还是在庭院中散步，他都准备着纸和笔，一想到什么好的句子，就赶快记下来。

大名鼎（dǐng）鼎的文学家陆机来到了洛阳，他也准备写《三都赋》，听说左思正在写，心里暗暗觉得好笑。他还给他的弟弟陆云写信说："洛阳有个凡夫俗子居然要写《三都赋》，我看他写的东西只配给我用来盖酒坛子！"左思后来听了这话，不但没有泄（xiè）气，反而更加激发了他写好《三都赋》的决心。经过十年的不懈努力，左思终于完成了旷世名篇《三都赋》。

这篇文章写得非常优美，是一篇难得的佳作，连以前讥笑左思的陆机听说后，也细细阅读一番，他点头说："写得太好了，真想不到。"他断定若自己再写《三都赋》绝不会超过左思，便停笔不写了。

《三都赋》很快就火遍了京城。人们竞相传抄。后来，传抄的人实在太多了，以至于洛阳的纸张都卖断了货，一纸难求，价格也是疯狂地涨了起来。这件事情也成了当时的一大奇观。

后来，人们就用"洛阳纸贵"这个成语来比喻著作有价值，流传广。

《三都赋》
终于完成。

醒木一响，评书开场！
品茶听书，为你讲述有滋有味的两晋传奇；
真真假假，权且当茶余饭后的谈资……
今天，我要给大家讲的是——王戎巧辨苦李！

王戎巧辨苦李

　　王戎是西晋时期山东人，才华横溢，是著名的"竹林七贤"之一。

　　王戎自幼就聪明过人。在他七岁的时候，有一次跟一群小伙伴出去游玩，在路上看见一棵李树，上面结满了果实。这群孩子都兴奋地爬到树上去摘李子吃，只有王戎一个人站在李树下面，一点想摘李子的意思都没有。

　　这时，有大人路过，看到王戎站着不动，很不理解，就问他："你为什么不去摘李子？难道你不想吃李子吗？"

王戎非常自信地回答说："这些李子肯定是苦的，摘下来也不能吃，所以我不去摘。"

这个人听了王戎的话，更加疑惑了，说："你又没有尝过，怎么这么肯定这棵树上的李子是苦的呢？"

王戎不慌不忙地回答道："这棵树就长在大路边，每天这条路上过往的行人没有上千也有好几百，如果这棵李树上的李子是甜的，早就被路人摘光了，还能留到现在吗？所以，我推断这棵树结的李子肯定是苦的。"

这时候，已经有小孩摘到李子了，放到嘴里一尝，果然苦得不得了。于是大家都夸王戎好聪明。

知识补给站

司马氏建立的朝代为什么称"晋朝"?

司马氏建立的朝代之所以称"晋朝",是因为其起家的地方位于春秋时的晋国所在地,这里又称"龙兴之地"。而司马昭在三国魏国时被封为晋王,因而,晋武帝司马炎定国号为"晋"。

西晋初期的分封制是怎么回事?

司马炎即位后,为防止政权落入异姓势力之手,将其祖父司马懿以下宗室子弟均封为王,以郡为国,邑二万户为大国,邑万户为次国,邑五千户为小国。司马炎的弟弟、堂兄弟、伯父、叔父、堂伯父、堂叔父等同时封王者达 27 人。在晋国建立初期,分封制起到了一定的作用,但也为后来的"八王之乱"埋下了隐患。

晋朝为何被称为中国历史上最黑暗的朝代？

中国历史上的众多大一统朝代，都有一个基本的规律，那就是开国君王大多贤明，亡国之君大多昏庸，但晋朝不符合这个基本规律。八王之乱、五胡乱华等事件接连上演，晋朝的百姓一直生活在水深火热之中。

西晋首富石崇的结局如何？

公元 300 年，赵王司马伦发动政变，诛杀贾后等人，贾谧也被杀，石崇因是贾谧同党而被免官。石崇、欧阳建为自保，便暗地里劝淮南王司马允、齐王司马同诛杀司马伦与孙秀。孙秀觉察了这些事，就假传晋惠帝诏命逮捕石崇等人。石崇一家老少共 15 人都被杀害，石崇被杀时 52 岁。

第 2 章
八个王爷的混战史

有言在先

晋武帝统一全国后，为了保住司马家族的天下，吸取了曹魏皇权太弱的教训，大封自己的子侄兄弟做王，让他们像众星拱月一样来护卫皇室。

晋武帝一死，手握兵权的诸王就像脱了缰的野马，开始不受管束，最终出现了"八王之乱"。他们为了各自的权力，打起了群架，整个天下也被搅得鸡犬不宁。

多年的动乱，不仅使西晋社会经济遭到严重的破坏，也导致了西晋的亡国以及整个晋朝近 300 年的动荡不堪。

笑料百出的痴皇帝

故事主角：晋惠帝

故事配角：晋武帝、杨骏、杨皇后、司马亮等

发生时间：公元 290 年

故事起因：晋武帝死后，司马衷当了皇帝，朝政为外戚把控

故事结局：晋惠帝根本管不了国家政事，还闹出很多笑话

公元 290 年，55 岁的晋武帝一病不起。这时，太子司马衷已经 30 多岁。按理说，30 多岁的人可以处理政事了，但在晋武帝的心里，司马衷却还是一个"巨婴"。晋武帝很是不放心，为了保险起见，他在临死前立了遗诏（yí zhào；皇帝临终时留下的诏书），要岳父杨骏和叔父汝南王司马亮共同辅政。

晋武帝的算盘还是打错了。杨骏就是一个野心家，对权力很是痴迷，既然逮到这样的好机会，岂能就此放

27

过？经过周密策划，杨骏便和杨皇后串通起来，伪造了一份遗诏，指定由杨骏一人辅政。这还不算，杨骏还把假遗诏拿给已不清醒的晋武帝看。

晋武帝死后，太子司马衷继承了皇位，就是晋惠帝。晋惠帝本就天生愚钝，他继位以后，根本管不了国家政事，而且还闹出了一连串的笑话。

有一天，晋惠帝在皇宫的御花园里游玩，见池塘中青蛙正在呱呱鸣叫，觉得很奇怪，他扯住一位侍从的衣襟（jīn）问："青蛙是在为官家叫，还是为私家叫？"侍从便应道："青蛙在官家地里时便为官家叫，在百姓自家的地里时便是为私家叫。"晋惠帝听后，认为侍从的话很有道理，于是赏了银子给侍从。

有一年，遇到大旱，各地庄稼歉收，闹起了大灾荒。地方官员把灾情上报朝廷，说灾区饿死了很多人。晋惠帝知道这件事后，就问大臣说："好端端的人怎么会饿

28

死呢？"大臣回奏说："当地灾情严重，没有粮食吃。"

晋惠帝沉思了一下，说："为什么不叫他们多吃点肉粥呢？"大臣们听了，目瞪口呆。有这样一个皇帝，再加上外戚控制朝政，西晋王朝的灾难很快就来了。

狠毒的贾皇后

故事主角：贾南风

故事配角：晋惠帝、杨芷、杨骏、司马亮、卫瓘、司马玮等

发生时间：公元 290 年—公元 300 年

故事起因：皇后贾南风铲除异己、独揽大权，把朝廷搞得乌烟瘴气

故事结局：作恶多端的贾南风，最终死在了赵王司马伦之手

公元 290 年，司马衷登上了皇位，贾南风也被封为皇后。贾南风一爬上皇后之位，就打算参与政事，到处招惹是非。

见贾南风如此这般，身为外戚的太傅杨骏极力阻挠——谁挡我的掌权路，我就要了谁的命。第二年，贾南风便暗中勾结宫中的一些大臣，密谋杀掉杨骏和废掉太后杨芷（zhǐ），之后，又派人联络汝南王司马亮和楚

王司马玮（wěi）领兵讨伐杨骏；还让晋惠帝下诏，给杨骏扣上了谋反的"大帽子"。在一群人的联合操作下，杨骏最先在府第中被杀。贾南风后又以参与谋反的罪名，矫（jiǎo；假托）诏废太后杨芷为庶人，第二年杨芷竟被活活饿死。

除掉了杨氏集团，贾南风征召司马亮为太宰，与太保卫瓘一同辅政，又任命司马玮为卫将军。但不久，贾南风就觉得这些人不靠谱，也是危险分子，留着他们对自己没啥好处。于是，她开始上演"杀二王"——铲除司马玮和司马亮的血腥大剧。

劈木头要找缝，贾南风很懂这个道理。她发现司马玮和司马亮很不和，于是挑拨这二人的关系，后又命司马玮杀掉司马亮和卫瓘两个辅政大臣。二人被除后，灾难也很快到了司马玮头上。贾南风以司马玮矫诏杀害司马亮和卫瓘为由，将司马玮诛杀。司马亮、卫瓘和司马玮被杀后，贾南风得以专权，把整个朝廷搞得一团糟。

贾南风没有儿子，其母常常劝她疼爱太子司马遹。但贾南风不听，还与妹妹贾午一同谋害太子。贾南风命孙虑前去毒杀司马遹，但司马遹不从，孙虑最终用药杵

（chǔ；木棒）将司马遹杀害。

常言道："自作孽，不可活。"公元300年，司马伦在诛杀贾后党羽后，自领相国位，并以金屑酒毒杀了贾南风，结束了她罪恶的一生。

八个王爷一台戏

故事主角：汝南王司马亮、楚王司马玮、赵王司马伦、齐
王司马冏、长沙王司马乂、成都王司马颖、河
间王司马颙、东海王司马越

故事配角：贾南风、晋惠帝、王浚、晋怀帝等

发生时间：公元 291 年、公元 299 年—公元 306 年

故事起因：因皇后贾南风的干政弄权，直接导致了"八王
之乱"的爆发

故事结局：八个王死了七个，东海王司马越成为最终的胜
利者

　　在皇后贾南风掀起内斗的时候，司马家族的王爷们
也是各怀鬼胎，陆续掀起了一波又一波的动乱。汝南王
司马亮入朝辅政后，便暗中谋划着夺取司马玮的兵权。
结果，在贾南风的"导演"下，司马玮抢先杀了司马亮
全家。接着，贾南风又将司马玮处死。两个王爷就这样
死了。

　　贾南风没有儿子，就把妹妹的儿子抱来，硬说是自
己生的，还把这个孩子立为太子。这个消息一出，司马

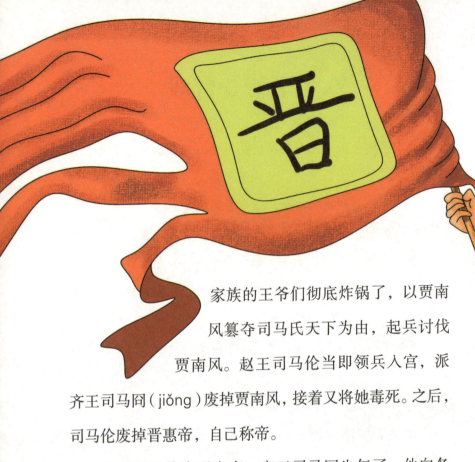

家族的王爷们彻底炸锅了，以贾南风篡夺司马氏天下为由，起兵讨伐贾南风。赵王司马伦当即领兵入宫，派齐王司马冏（jiǒng）废掉贾南风，接着又将她毒死。之后，司马伦废掉晋惠帝，自己称帝。

听说司马伦当了皇帝，齐王司马冏生气了，他向各处发出讨伐司马伦的檄（xí）文（特指声讨的文书），号召大家起兵。成都王司马颖、河间王司马颙（yóng）也有夺权的野心，他们和齐王司马冏一拍即合，并联手杀了司马伦。

齐王司马冏进入洛阳后，独揽大权，沉迷酒色。长沙王司马乂（yì）看不

下去了，便乘机起兵，司马颖、司马颙互相声援。司马冏与司马乂打了几年，最终兵败被杀。司马乂乘机入朝辅政，控制了朝政大权。

见司马乂独揽朝政大权，司马颙也不干了，随即与司马颖联合进攻洛阳。正当他们打得昏天暗地的时候，在洛阳城里的东海王司马越乘机偷袭了司马乂，将他烧死了。司马颖乘机进入洛阳，控制了政权。

东海王司马越认为自己杀司马乂有功，却没捞到半点好处，很不甘心，就假借晋惠帝的名义，起兵讨伐司马颖。司马颖挟持着晋惠帝到了长安。长安是河间王司马颙的地盘，他看到司马颖兵败势穷，就乘机排挤司马颖，把晋惠帝控制在自己手里，独揽了朝政大权。

这之后，司马越见王浚的势力大，就和王浚联合起来，攻打关中，最终打败了司马颙。进入长安后，司马越把晋惠帝、司马颖和司马颙全都杀死了。

公元307年，司马越立司马炽（chì）做了皇帝，这就是晋怀帝。至此，长达16年的"八王之乱"落下了帷幕。八个王爷死了七个，西晋的国力被大大削弱。此后，各少数民族乘乱进攻中原，西晋王朝处在了风雨飘摇之中。

要活命，就得不要命

故事主角：李特

故事配角：李庠、李流、罗尚、阎彧、李雄、李寿等

发生时间：公元 298 年—公元 303 年

故事起因：关中流民在蜀地遭到晋军围剿，李特组织流民
打败了晋军

故事结局：李特在奋勇抵抗之后，战败牺牲，其子李雄继
续率领流民与晋军战斗，并最终建国称帝

公元 298 年，关中地区发生了一场大饥荒，庄稼颗
粒无收。为了活命，关中一带的十几万流民逃往了蜀地。
有个氐（dī）族人李特和他的兄弟李庠（xiáng）、李流
也夹杂在流民队伍中。一路上，李特兄弟常常接济那些
挨饿、生病的流民。流民们都很感激、敬重李特兄弟。

蜀地的百姓生活比较安定。流民进入蜀地后，就在
各地靠给富户人家打长工过活，生活也算稳定了。

可是好景不长，益州刺史罗尚要将这批流民赶回关
中去。流民们听到消息，心都凉了，回去也没有活路，

人人都发愁叫苦。李特得知情况后，几次向官府请求放宽遣送流民的限期，并在绵竹设了一个大营，收容流民。不到一个月就聚集了大约两万流民。

随后，李特又派使者阎彧（yán yù）去见罗尚，再次请求延期遣送流民。阎彧来到罗尚的刺史府，看到

那里正在修筑营寨，调动人马，便立即返回绵竹，把情况一五一十地告诉了李特。李特立即把流民组织起来，准备好武器，布置阵势，防备晋军的偷袭。

到了晚上，罗尚果然派部将带了三万兵马，向绵竹大营进攻。刚进营地，只听得四面八方响起了震耳的锣鼓声。大营里预先埋伏好的流民手拿长矛、大刀冲杀出来。他们勇猛无比，把晋军杀得丢盔弃甲，四散逃窜。

流民们杀散晋军，知道晋朝统治者不会善罢甘休，一致推举李特为镇北大将军，李流为镇东将军，整顿兵马，向附近的广汉进攻，赶走了那里的太守。

李特进了广汉，打开官府的粮仓，救济当地的贫苦百姓。蜀地的百姓平时受尽晋朝官府的压迫，现在来了李特，生活倒安定起来，都非常高兴。

过了不久，罗尚和当地豪强势力围攻李特。公元303年，李特在战斗中不幸牺牲，他的儿子李雄继续率领流民与晋军战斗。

公元304年，李雄自立为成都王；两年后，又自称皇帝，国号大成。李雄死后，他的侄子李寿即位，改国号为汉。历史上称之为"成汉"。

皇甫谧浪子回头

皇甫谧（mì）是三国、西晋时期的著名学者，他自小就被过继给叔父，后来随叔父迁移到河南居住。

少年时期的皇甫谧，不喜欢读书，非常贪玩，经常和小伙伴们舞枪弄棍。他经常因此受到婶婶的责骂，但他不思悔改，依然我行我素。到了20多岁时，皇甫谧竟变得越发放荡不羁（jī）。由于他学无所成，而且行为粗鲁，乡亲们都说这个孩子别说成才了，连成人都是问题。

尽管皇甫谧不喜欢读书，但是对叔父和婶婶却是十分孝顺。有一天，他弄来一些蔬果，兴冲冲地跑回去拿给婶婶吃，婶婶并没有吃他送来的水果，而是把他叫到跟前，语重心长地说："你已经20多岁了，还是非常顽劣。就算你拿世上最好的东西给我吃，我也高兴不起来。"婶婶说完，望着他不住地唉声叹气。

听婶婶说到这里，皇甫谧似乎心有所动，婶婶又接着说："修身勤学，全靠你自己的努力，但最终受益的还是自己。"说到这里，婶婶已经泣不成声了。婶婶的这番苦口婆心开导，对皇甫谧的触动很大。他想到了婶婶多年的辛勤养育和付出，想到了自己一次次不听劝说的顽劣样子，也想到了自己在外人眼中不成器的固有印象。想到这些，皇甫谧立即向婶婶表示，一定痛改前非，重新做人。

第二天，皇甫谧开始认真读书，改掉了四处游荡的毛病。他读书极为用功，常常在书桌前一坐就是一整天。渐渐地，他在人们眼中变成了实实在在的书痴。好心人劝他不要用功过度，以免耗损精神，伤害身体。皇甫谧微笑着对那个人说："只要能学到知识，就算少活几年也甘心。"此时，人们都为皇甫谧的巨大变化感到惊讶。

叔父和婶婶在心疼他之余，心中也有了莫大的欣慰。

由于皇甫谧勤恳为学，他的学问和名声越来越大，逐渐成为名声鹊起的著名学者。朝廷征他做官，但是被他拒绝了。皇甫谧一生写了大量的著作，不仅撰写了《针灸甲乙经》，还编撰了《帝王世纪》《高士传》《逸士传》《列女传》《元晏先生集》等书，在文学、医学等方面都颇有建树。

知识补给站

《三国志》是一部怎样的史书？

　　《三国志》是一部纪传体国别史书，二十四史之一。作者陈寿，西晋著名史学家。《三国志》记载了三国时期魏、蜀、吴三国的历史。全书共 65 卷，其中《魏志》30 卷、《蜀志》15 卷、《吴志》20 卷。《三国志》所记载的史料较为翔实可靠，是研究三国历史的重要文献。

贾南风是怎么当上太子妃的？

　　贾南风是西晋王朝的开国元勋贾充的女儿，据说其面目黑青，奇丑无比。刚开始的时候，贾充想把小女儿嫁给司马衷，但由于小女儿年龄小，个子太矮，临时决定由贾南风代替妹妹出嫁。经过皇后及大臣的极力推荐，晋武帝司马炎最终同意让司马衷娶贾南风。公元272年，贾南风正式被册立为太子妃。

"作弊解题" 的典故是怎么回事?

司马衷从小智力不足,司马炎对此很发愁。有一次,司马炎特意出了几道问题考他,并限他三天之内交卷。司马衷拿到题目以后,不懂如何作答。他的妻子贾南风是个很聪明的人,便立刻请来几位有学问的老先生为司马衷解答难题。司马炎看了答卷后,以为儿子的思维还是很清晰的,也就放心了。

司马越为什么会成为司马家族的罪人?

在八王之乱中,司马越先后击败了长沙王司马乂、成都王司马颖、河间王司马颙等诸王,并在晋惠帝死后立司马炽为皇帝,是为晋怀帝。司马越自任太傅辅佐朝政,他不思团结官员一致对外,反而独揽大权、杀戮朝臣,各方纷纷起兵讨伐,使西晋处于风雨飘摇之中。公元 311 年,司马越在项城忧惧而死。

第**3**章

五胡举兵乱西晋

有言在先

　　"八王之乱"结束了，却引发了一系列连锁反应。内迁的各民族见西晋内部乱哄哄，便趁乱纷纷举兵并各立山头。匈奴、鲜卑、羯、羌、氐五个胡人大部落，成为西晋末年乱华胡人的几大代表。

　　文武双全的匈奴人刘渊称帝，成为西晋最强大的对手。在匈奴汉国的一次又一次攻击中，西晋政权不断被瓦解。公元316年，长安被围，晋愍帝司马邺坐着羊车投降，西晋王朝至此终结。

刘渊：我要自立门户

故事主角：刘渊

故事配角：宣于修、朱诞等

发生时间：公元 304 年—公元 309 年

故事起因：匈奴人刘渊建汉自立，与晋朝决裂

故事结局：刘渊两次大举进攻晋朝，都遭到洛阳军民的顽强抵抗

西晋刘渊本是西汉时期匈奴首领冒顿（mò dú）单于（chán yú；匈奴君主的称号）的后代，据说还是一个"混血人"。原来汉高祖刘邦曾将一位宗室之女作为和亲公主嫁给冒顿单于，并与冒顿单于结为兄弟，所以冒顿单于的子孙都以刘氏为姓。

这位"混血"匈奴人刘渊，还是一个"汉族通"。他自幼读了许多汉族人的书，文才很好，同时武艺也很棒。他早年曾在西晋的成都王司马颖部下当将军，专门负责管理五部匈奴军队。

公元 304 年，刘渊回到左国城后，匈奴人开始躁动起来。他们借八王混战的机会，便拥戴刘渊做了大单于。雄心勃勃的刘渊，集中了五万人马南下，去帮助晋军攻打鲜卑（bēi）兵。有人不解地问他："为什么不趁这个机会灭掉晋朝，反倒去打鲜卑呢？"

刘渊自信地说："晋朝现在已经腐朽透顶了，灭掉它非常容易，但是晋朝的百姓未必会归顺我们。汉朝立国的年代长，在百姓中还很有影响，我们的先人又与汉朝皇室有友好关系，不如借用汉朝的名义，也许可以得到汉族百姓的支持。"

公元 304 年，刘渊建立汉国，自称汉王。周围的各少数民族听说后，纷纷前来投靠。一时间，刘渊的势力猛然增长，逐步形成了一支由匈奴、鲜卑、氐、羌（qiāng）等各族组成的强大反晋力量，刘渊离称帝的梦想更近了一步。

要想称帝，还得制造点摩擦，这样才名正言顺。为此，刘渊开始四处出兵，一次次骚扰晋地，最终与晋朝撕破了脸。公元 308 年冬 10 月，刘渊正式称帝。而后，刘渊根据太史令宣于修的建议，正式迁都平阳（今山西临汾）。

公元 309 年 3 月，晋将军朱诞归降刘渊，刘渊于是任命朱诞为前锋都督、刘景为大都督，起大军攻晋。洛阳的老百姓虽然恨透了腐朽的西晋王朝，但是更不愿受外族人统治。所以刘渊两次进攻，都遭到洛阳军民的顽强抵抗，没有占到一点便宜。

从皇帝到仆人

故事主角：晋怀帝、刘聪

故事配角：王隽、刘琨、司马邺等

发生时间：公元 311 年—公元 313 年

故事起因：西晋京师被破，晋怀帝成为匈奴汉国的阶下囚

故事结局：晋怀帝司马炽饱受各种侮辱，并最终被刘聪毒死

公元 311 年，西晋京师被破，匈奴汉国的军队像潮水般涌入洛阳，在一番疯狂劫掠后，将司马氏的王公贵族基本上杀光了。此时，九五之尊晋怀帝司马炽只能选择逃跑。然而，他在逃亡长安的路上被逮个正着，成为匈奴汉国的阶下囚。

公元 313 年，刘聪在宫中大摆酒席，宴请群臣，群臣中还有很多西晋旧臣。席间，觥筹（gōng chóu）交错（形容许多人喝酒时的热闹场景），歌舞不断，却见一僮仆身穿青衣立于一旁，轮番为群臣倒酒。细看之下，

不禁一惊，此人正是晋怀帝司马炽。

曾经是九五之尊，而今是卑微僮仆，对司马炽而言，这简直是奇耻大辱。然而，人在屋檐下，不得不低头，心中不悦也不能发泄，便在脸面上表现了出来。

只见司马炽缩手缩脚，奴仆一般，在席间穿行，为群臣倒酒，而匈奴汉国群臣见此，不免要说些难听的话来侮辱晋怀帝，晋怀帝脸上的怒色更加明显。起哄的声音一浪高过一浪，在座的晋朝旧臣实在看不下去了，庚珉（gēng mín）、王隽（jùn）等十几位大臣再也忍不住，悲从中来，不禁掉下眼泪来。

正在兴头上的刘聪见此情景，不免扫了兴致，想起近日来发生的事情，便起了杀意。近来，匈奴汉国的军队在作战中屡次碰壁，吴王司马晏的儿子司马邺（yè）又在长安登上皇位，此事让刘聪不得不心存芥蒂，斩草除根的想法油然而生。

起先，大怒的刘聪将这些不顺眼的君臣赶出了宴席，在这喜庆的日子里，刘聪不想沾染血腥。又过了几日，刘聪听人来报，庚珉、王隽等人与刘琨（kūn）秘密接触频繁，似乎有闹事的苗头。

虽然没有有力的证据，但不怕一万，就怕万一，西晋旧臣与刘琨若是来个里应外合，在平阳城内起事，后果将不堪设想。想到这些，刘聪立即让人将庾珉、王隽等人斩杀。后来，刘聪又赐予晋怀帝司马炽一杯毒酒，将其毒杀。

强龙打垮了地头蛇

故事主角： 石勒、王浚

故事配角： 段末杯、张宾、王子春等

发生时间： 公元 312 年—公元 314 年

故事起因： 匈奴汉国大将石勒假装归附王浚，王浚信以为真

故事结局： 王浚皇帝梦没做成，却做了俘虏，后被石勒杀害

公元 312 年，匈奴汉国大将石勒占据襄国，从此有了自己的根据地。紧接着，他又占领了周边一些地方，实力渐渐增强。

"外来户"石勒的到来，引起了幽州刺史王浚的警觉和不满。王浚一直有个皇帝梦，本打算在此割据自立，这下凭空来了个抢地盘的，他当然不高兴。

一番琢磨之后，王浚决定来个先下手为强，与其盟友鲜卑段氏，一同进攻在襄国的石勒。一番较量后，石勒生擒鲜卑领袖段末杯，王浚大败而归。

如何处置段末杯，成为一个有争议的事情，有些将领嚷嚷着要将其杀掉，而石勒与张宾则主张将其放还，并与之讲和，毕竟少个敌人，还能多个朋友，有助于瓦解王浚的盟友阵营。于是，石勒将段末杯送还，自此，鲜卑段氏与王浚的结盟形同虚设。

所谓一山不容二虎，石勒与王浚的较量是迟早的事。但是瘦死的骆驼比马大，王浚毕竟掌握了一方军权。

于是，石勒的智囊团商讨出一个智取的方案。

石勒的谋臣张宾知道王浚一心想要做皇帝，只是依附者太少。张宾便投其所好，派使者王子春携带大批奇珍异宝前去拜访王浚，并送上石勒的亲笔文书。

石勒的这份文书，把自己写得诚恳低调，又将王浚说得威武强大。王浚读完，不觉已经飘飘然，再看见那些奇珍异宝，王浚的心情爽到了极点。

王浚欢喜过后，心中不免有了疑惑，便问王子春："石公是当世豪杰，占有赵、魏之地，却想做我的藩（fān）属，这能是真的吗？"

王子春欺骗王浚说："石将军的才能和力量都很强，但殿下是名门望族，自古只有胡人作为辅佐中原君主的名臣，哪有当帝

刺史大人，一定要收下。

王的。石将军与殿下相比，就像月亮与太阳，归附殿下，殿下有什么可奇怪的呢？"

王子春说完，王浚属下也一阵奉承，王浚的怀疑便去了大半。原来，这王子春是个社交高手，早已将王浚的属下贿赂了一番，他们拿了好处，自然要替人家说话。

还有一件事情，让王浚对石勒的信任直线上升，那就是王浚的一个手下，因为不得王浚重用，便去投靠了石勒。石勒却令人将其杀掉，并将他的首级交给王浚，王浚自此相信了石勒归附的事实。

这一日，石勒命人送来书信，希望王浚能够早登大典，并乞求来幽州参加登基大典。对于当皇帝，王浚早就迫不及待了，此时又有石勒的支持与属下的煽（shān）风点火，便再也忍不住，准备起登基事宜。

公元 314 年初春，王浚的登基大典将要举行，石勒领兵北上，前往幽州参加大典。属下提醒王浚应当做好两手准备，以免石勒有变，王浚听了很是愤怒，属下便不敢再进言。当石勒的大军一拥而入，王浚才从皇帝梦中清醒过来，但是为时已晚，石勒已经领兵来到眼前，王浚皇帝没有做成，却做了俘虏，后被杀害。

坐着羊车去投降

故事主角：晋愍帝

故事配角：刘聪、刘曜、吉朗等

发生时间：公元 316 年

故事起因：匈奴汉国国主刘聪围困长安城，晋国君臣陷入绝境

故事结局：晋愍帝带着群臣选择投降，刘聪杀死晋愍帝，西晋至此灭亡

公元 316 年，晋国境内发生严重蝗（huáng）灾，朝廷无粮可征，长安城内外更是饿殍（piǎo）遍野（形容到处都是饿死的人），惨不忍睹。

匈奴汉国国主刘聪见机会难得，便以刘曜（yào）为大元帅，领兵十万进攻长安，决定给西晋致命一击。如狼似虎的匈奴汉国军队，一路上攻无不克，战无不胜，很快奔抵长安，将长安城围了个水泄不通。

此时，长安城内的晋国君臣已陷入绝境，外无救兵，

内无粮草，可谓是"叫天天不应，叫地地不灵"。在这弹尽粮绝的时刻，晋愍（mǐn）帝只能吃麦饼煮成的粥充饥，而这已经是最好的食物了。朝中大臣只能挖野菜充饥，而百姓就更悲惨了，甚至出现了人吃人的现象。

晋愍帝整日吃粥果腹，不出几日，就到了连粥都吃不上的地步。晋愍帝毕竟才17岁，不过是刚刚理事的年纪，什么时候受过这样的屈辱，尤其是见了长安城内

的凄凉景象，便再也无法忍受。

男儿有泪不轻弹，只是未到伤心处。晋愍帝伤心极了，他哭着对麴（qū）允说："如今穷困危急到这种地步，外面没有救援，城内没有粮草，不如我们忍辱投降，大家也许还有一条活路。" 晋愍帝的这番话，说出了大

多数人的心声。然而，仍有忠义之士表示强烈反对。

晋愍帝说："为国家而死是我所应该的。但想到将士们遭受的磨难，应趁城未陷落而行全身之计，或许可以使百姓免受屠杀之难。"晋愍帝既然是为天下百姓、为将士，哪还有反对的声音，投降的共识很快便达成了。晋愍帝亲笔写下了投降文书，派人交给了刘曜。

这一天，群臣将投降所需礼节备置齐全，晋愍帝乘着羊车，露着胸脯，嘴中含着玉，大开城门，缓缓往刘曜大营而去。身后群臣跟随，神色忧伤，这样的场面不能不让人动容。

大臣吉朗性格倔强，乃忠义之士，这么硬朗的一个汉子，竟然也忍不住掩面而哭。待情绪稍稳定，只见他走向晋愍帝，叩首后，便撞向了城门上的石柱，当即头破血流，不久便气绝身亡。朝臣见此，都感到了震惊，不免对吉朗充满了敬佩之情。

晋愍帝投降后，受尽了百般羞辱。刘聪喝酒时让晋愍帝洗酒杯，上厕所时又让晋愍帝侍候，旁边的晋臣多失声哭泣。不久，刘聪担心留着晋愍帝对自己不利，就让人杀死了愍帝。至此，西晋彻底灭亡。

不识字皇帝爱读书

故事主角：石勒

故事配角：刘曜、张宾、石虎等

发生时间：公元 318 年—公元 333 年

故事起因：石勒不识字，却比较重视读书和爱护读书人

故事结局：石勒灭掉了前赵，并登基做了皇帝，使后赵成为当时北方比较强大的国家

公元 318 年，匈奴汉国国主刘聪病死，刘聪的侄儿刘曜做了国主，不久改国号为赵，史称"前赵"。

此时，手握兵权的大将石勒也与匈奴汉国一刀两断，彻底反叛。公元 319 年，石勒于襄国称王，建立了后赵。

此后，刘曜、石勒常相攻伐。公元 329 年 9 月，石勒的侄子石虎将前赵兵打败，前赵灭亡，后赵实力大增。

石勒本是羯族人，祖辈都是羯族部落的小头目。石勒年轻的时候居住在并州，后来并州闹饥荒，他和部落失散了。为了生存，他先后给人家做奴隶和佣人，吃尽

了各种苦头。

　　石勒受尽苦难的折磨，感觉没有出路，就召集一群流亡的农民，组成了一支强悍的队伍。刘渊起兵以后，石勒前去投奔他，并在刘渊部下当了一员大将，他也从

此逐渐走上了人生的巅峰之路。

　　石勒虽然打仗是一把好手，但却大字不识一个。他担任大将以后，渐渐明白，要想成大事，光靠武力不行，还必须要用谋略。于是，他把汉人张宾请来为他出谋划策。他还收留了一批北方汉族中家境贫寒的读书人，组织了

大王要好好读书。

一个"君子营"。

公元 330 年 9 月，石勒正式称帝。当了皇帝后，石勒下诏每年举选贤良人才，并对读书人十分重视。他命令部下，如果捉到读书人，不许杀害，自己亲自处理。

与此同时，石勒又设立了学校，让他部下的子弟进学校读书。他还建立了保举和考试的制度，凡是各地保举上来的人经过考核评定，都可以做官。

石勒喜欢书，但自己不识字，就找一些文化人给他读书。他一边听，一边还随时发表自己的见解。有一次，石勒让人给他读《汉书》，听到有人劝汉高祖封旧六国贵族的后代的那段历史时，他说："唉！刘邦采取这种做法是错误的，这样做还能够得天下吗？"讲书的人马上给他解释说，后来由于张良的劝阻，汉高祖才没有这样做。石勒点头说："这就对啦。"

由于石勒重视文化教育，起用人才，施行开明的政策，后赵初期出现了兴盛的景象。鼎盛时期，其管辖境地南到淮河，东临大海，西至河西，北接燕、代，成为当时北方比较强大的国家。

 醒木一响，评书开场！

品茶听书，为你讲述有滋有味的两晋传奇；

真真假假，权且当茶余饭后的谈资……

今天，我要给大家讲的是——琅琊山的传说！

琅琊山的传说

在很久以前，江淮之间的滁（chú）州有座美丽的山。

一天，一个云游的老和尚到了这里，就决定在山顶盖座寺庙，打坐修行。后来他在山上看到一个无家可归的孩子，就收在庙里做弟子。但是这个孩子非常笨，念个"阿弥陀佛"都不会，只会说"摩陀，摩陀"。

一次，老和尚外出云游回来，发现孩子长得又高又胖。老和尚很好奇，就问孩子："为师不在的这么多天，你是吃什么长得这么好呢？"孩子说了句"摩陀"，转身走到院外，不一会儿拿了些石头回来，接着把石头放进锅里，就开始烧火煮石。

　　又过了一会儿，锅里冒出了一

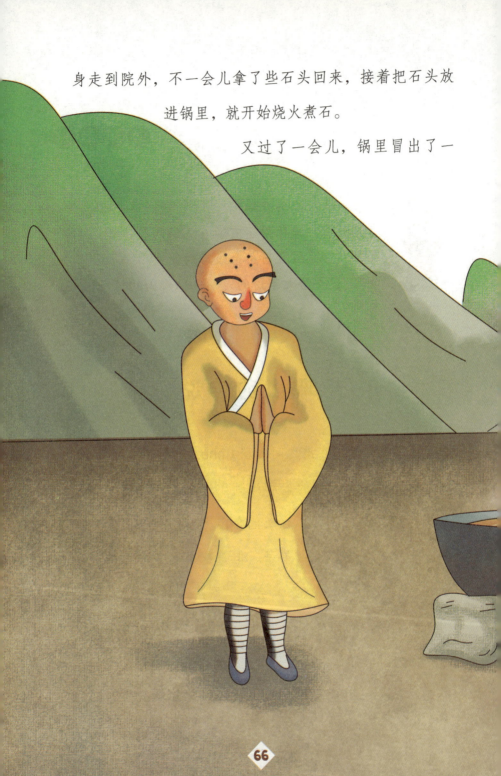

股香气。孩子从锅里捡了一钵（bō）子端到老和尚面前，老和尚一看，石头都变成了很有光泽的金黄色，就顺手拿了一个。这石头捏在手里和馒头似的，吃起来又软又甜。老和尚很高兴，想以后在

这庙里就不用为吃饭发愁了。他觉得是孩子念的"摩陀"起了作用，就把寺院改名为"摩陀寺"。之后，这座宝山也被称为摩陀山了。

西晋末年，琅琊（láng yá）王司马睿为了躲避战乱，乔装打扮一路向南逃来。这一天，他逃到摩陀山，由于连日奔波劳累，心口疼的毛病又犯了，疼得满地翻滚。碰巧被寺院里的和尚遇到了，和尚慌忙跑回山上端了一碗药水来，让司马睿喝下。过了半个时辰，司马睿觉得满身轻松，心口一点也不疼了。

司马睿很纳闷，就问这是什么药。和尚说："这药水是用山上的石头和花草研制而成的，功效神奇，可以养神健身。"接着，还把庙里长期流传的摩陀师父煮石头的事告诉了司马睿。

再后来，司马睿建立了东晋王朝，成为东晋的第一个皇帝。一日他微服私访，经过摩陀山，回想起当年落难得救的事，颇为感慨。回去以后，他传下圣旨：将寺庙扩建修缮（shàn），名字改为"琅琊寺"，摩陀山改为"琅琊山"。

知识补给站

西晋为何成为比较短命的王朝？

西晋建立不久，政治腐败，贿赂成风，内部极为不稳定。历史上，大量游牧民族内迁，到西晋时，关中和凉州的外族已占当地人口的一半。然而这些民族多饱受压迫，为西晋亡国埋下伏笔。随着"八王之乱"的发生，西晋元气大伤，内迁的民族便乘机举兵。西晋至此走上了快速灭亡的道路。

在古代，皇帝为何被称为"九五之尊"？

九五之尊，是古代帝王的专属称号。一种简单的说法认为：中国古代把数字分为阳数和阴数，奇数为阳，偶数为阴。阳数中九为最高，五居正中，因而以"九"和"五"象征帝王的权威，称之为"九五之尊"。

晋愍帝为何要坐着羊车去投降?

以羊拉车,在西晋以前就存在,但西晋的皇帝们却将其玩出了新高度。对于晋愍帝为什么要坐着"羊车"去投降,一是"羊车銮驾"是西晋留下来的传统;二是晋愍帝此举是将自己比作驯服的绵羊;三是刘曜将其看作是待宰的羔羊。综合来看,乘坐羊车投降,更多包含了侮辱的意思。

"五胡十六国"是怎么回事?

"五胡"主要指匈奴、鲜卑、羯、氐、羌五个少数民族,趁中原"八王之乱"时陆续建立北方政权,与南方汉人政权形成对峙。这些内迁的民族前前后后一共建立了 16 个国家,包括前凉、成汉、前赵、后赵、前燕、前秦、后燕、后秦、西秦、后凉、南凉、西凉、北凉、南燕、北燕、夏。自公元 304 年刘渊建立汉国起,至公元 439 年北魏灭北凉结束,这段历史时期被称为"五胡十六国"。

第 **4** 章

晋朝有了新生命

有言在先

　　西晋灭亡后，琅琊王司马睿在建康（今江苏南京）登基，建立了东晋，使本已覆灭的晋朝得以延续。而此时的北方地盘，已被五胡撕成了零零散散的碎片。在四分五裂的版图上，无数个政权相继崛起着、吞并着、变化着，你方唱罢我登场，不断上演着大鱼吃小鱼的戏码，前前后后竟出现了十六国之多。在漫长的岁月里，呈现了东晋与五胡的持久战，以及十六国之间的厮杀，历史也由此进入了黑暗混乱的时代。

我们一起坐江山

故事主角: 司马睿

故事配角: 王导、王敦、刘隗、刁协等

发生时间: 公元 307 年—公元 318 年

故事起因: 司马睿镇守江南,在王导、王敦的帮助下,在建康稳固了地位

故事结局: 司马睿当了皇帝后,对王导、王敦封官加爵,出现了"王马共天下"的局面

公元 318 年,晋愍帝被害的消息传来,晋王司马睿(ruì)痛哭流涕。西晋灭亡了,晋愍帝没了,但司马家族的血脉还在。于是,身边的大臣们纷纷劝司马睿即皇帝位。既然盛情难却,司马睿也就名正言顺地在建康即位,是为晋元帝。东晋王朝的建立,使晋朝得以延续。

在西晋皇族中,司马睿原本地位和名望都不太高。公元 307 年,晋怀帝在位的时候,派他去镇守江南。他还带了一批北方的士族官员，其中最有名望的是王导。司马睿把王导看作知心朋友，对他言听计从。

司马睿刚到建康的时候，江南的一些士族地主嫌他地位低，看不起他，都不来拜见。司马睿为此常常不安，便让王导想想办法。王导思来想去，就把在扬州做刺史的王敦（dūn）找来，两人一顿研究，决定上演一出戏。

这一年三月初三，按照当地的风俗，百姓和官员都要去江边"求福消灾"。这一天，王导让司马睿坐上华丽的轿子到江边去，前面有仪仗队鸣锣开道，王导、王敦和从北方来的大官、名士，一个个骑着高头大马跟在后面。这个大排场一下轰动了建康城，也给司马睿赚足了面子。

江南士族地主都跑来观看。他们见王导、王敦这些大人物都这样尊敬司马睿，不禁大吃一惊，怕自己落后了，一个个出来排在路旁，拜见司马睿。从那以后，江南大族纷纷拥护司马睿，司马睿在建康便稳固了地位。

后来，北方战乱不断，一些士族地主便纷纷逃到江南避难。王导劝说司马睿把他们中间有名望的人都吸收过来。司马睿听从王导的意见，前后吸收了一百多人做官。

司马睿在王导的辅助下，既拉拢了江南的士族，又吸收了北方的人才，地位日渐巩固。

　　司马睿当了皇帝后，他认为自己能够得到这个皇位都是凭借王导、王敦兄弟的帮助，所以，对他们特别尊重。他头脑一热，便封王导担任尚书，掌握朝政大权，让王敦总管军事，又把王家的子弟封了重要官职。

　　当时，民间流传着这样一句话："王与马，共天下。"王敦掌握军权后，就开始飘飘然了，不把晋元帝放在眼里。晋元帝也看出了王敦的骄横，于是渐渐疏远了王氏兄弟，另外重用了大臣刘隗（wěi）和刁（diāo）协。这样，新建的东晋王朝内部，又出现了一道道裂痕。

陛下，这些事还是听我的吧。

好钢，没用在刀刃上

故事主角：祖逖

故事配角：司马睿、戴渊等

发生时间：公元 313 年—公元 321 年

故事起因：东晋大将祖逖率部北伐，得到各地人民的响应，收复黄河以南大片领土

故事结局：由于朝廷的牵绊，祖逖的北伐大业功败垂成，他最终忧愤而死

东晋在江南建国的时候，北方的黄河流域成为匈奴、羯、鲜卑、氐、羌等五个主要游牧民族争杀的战场。这五个少数民族分别建立了自己的国家，相互争霸，不断有国家建立和灭亡。

随着西晋的灭亡，北方也进入了混乱征战的时代，很多百姓为了活命，纷纷选择南逃，祖逖（tì）也夹在汹涌如潮的南逃人群中。在逃亡的路上，祖逖让老人和病人坐在自己家的马车上，自己的粮食、衣物与大家一起

享用。遇到劫匪，他总是亲率家丁打退他们。因而，南逃路上的祖逖获得了极好的口碑。公元313年，司马睿听说了祖逖的声名，得知他已经到达泗（sì）口，便任命他为徐州刺史，调他驻防京口要隘（ài）。

后来，祖逖向司马睿进言说："中原大乱，胡人乘机攻进中原，百姓陷入水深火热之中，人人都想起来反

抗。只要下令出兵，派一个大将去讨伐乱贼，一定能收复失地。"

司马睿本来只想守着东南之地，对于北伐并不抱太

收复失地的
好机会来了。

大希望，但是听祖逖说得头头是道，就任命祖逖为将军，只给了他少量的衣物和粮食，其他都由祖逖自己解决。相当于是给了你锅碗瓢盆，至于米面粮油就得自己解决了。

祖逖就这样上路了。他带着招来的队伍，开始横渡长江。船到江心的时候，他拿起船桨敲打船舷，向大家发誓说"我祖逖如果不能把中原的敌人扫平，就决不返回江南"，大有破釜沉舟的英雄气概。

祖逖渡江以后，开始打造兵器，招兵买马，很快就聚集了数千人。祖逖见士气旺盛，亲自率领人马进攻谯（qiáo）城，又连续攻破石勒的各地割据武装。至此，祖逖名噪大江南北，北伐队伍也迅速扩大。祖逖不断乘胜出击，最终收复了黄河以南的大片土地。

公元 321 年，就在祖逖积谷屯粮、准备继续收复黄河以北的土地时，司马睿却任命戴渊为豫（yù）州都督，叫祖逖听他指挥，把祖逖北伐的事业给彻底断送了。祖逖受到了主张偏安、不思进取的朝廷之人的牵制，很难施展北伐的抱负。他心里又是忧虑，又是气愤，最终身染重病，郁郁而亡。

陶侃是个正能量的人

故事主角：陶侃

故事配角：晋成帝、王敦、苏峻等

发生时间：公元 328 年—公元 334 年

故事起因：荆州刺史陶侃出兵平叛苏峻之乱，为东晋立下赫赫战功

故事结局：陶侃一生治军严格，爱护百姓，得到了世人的广泛赞誉

公元 328 年，晋成帝在位时，历阳（今安徽和县）镇将苏峻（jùn）起兵反叛，攻进了建康，一时把晋朝搞得天翻地覆。荆州刺史陶侃（kǎn）出兵讨伐，经过两年时间，终于把苏峻的叛乱平定了，为稳定东晋政权立下了赫赫（hè hè；显赫的样子）战功。

陶侃原是王敦的部下，因为立了战功，而做了荆州刺史。常言道："树大招风，人为名高。"因为晋升快，就有人开始妒忌他，总在王敦面前说他坏话。时间一长，

79

王敦也就相信了谗言，不问青红皂白，就把陶侃调离到广州。那时候，广州是很偏僻的地方，调到广州等于是降了他的职。

虽然遭受了不公平的对待，但陶侃并没有灰心。他每天早晨把一百块砖头从书房里搬到屋外；到了晚上，

又把砖头搬到屋里。他每天都这样做，别人看了感到很奇怪，忍不住问这是做什么。

陶侃说："我虽然身在南方，但心里一刻都没有忘记收复中原。如果闲散惯了，

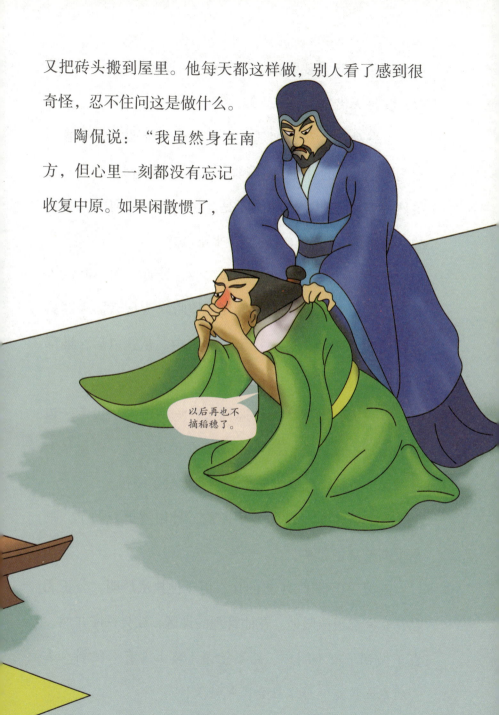

以后再也不摘稻穗了。

将来国家一旦需要我出力，怎么能担当得了重任呢？所以，我每天借这个锻炼身体。"

王敦死后，东晋朝廷就提升陶侃为征西大将军兼荆州刺史。荆州的百姓听到陶侃回来了，都跑出来欢迎他。虽然提升了官职，可陶侃还是谨慎小心。任何大大小小的事情，他都要亲自过问，从来不放松。

他手下的一些官吏，经常喝酒、赌博，因而耽误了公事。陶侃知道后，非常生气。他吩咐人把酒器和赌具全都没收并毁掉，还鞭打了那些官吏。从这以后，谁都不敢再喝酒、赌博了。

有一天，陶侃到郊外巡视，看见一个人一边走一边随手摘没有成熟的稻穗（suì）拿在手里玩弄。陶侃马上命令兵士把这个人捆绑起来，狠狠地打了一顿。

人们听说刺史这样爱护庄稼，种田就更有劲了。荆州也渐渐富裕起来。

陶侃一生带了 41 年的兵，由于他执法严明，公正无私，大家都很佩服他。在他管理的地区，社会秩序井然，真正做到了夜不闭户、路不拾遗（路上没有人把别人丢失的东西捡走。形容社会风气好）！

王家出了个大才子

故事主角： 王羲之

故事配角： 道士、殷浩、谢安、孙绰等

发生时间： 公元 353 年

故事起因： 王羲之书法造诣很深，是当时的大书法家

故事结局： 在会稽山阴的兰亭宴会上，王羲之一气呵成写成了"天下第一行书"《兰亭集序》

在东晋时期，王氏是门第高贵的士族。在王氏家族中，出了一个大书法家，他就是王羲（xī）之。

王羲之从小酷爱书法，七岁时就开始练习写字。传说他在走路、休息的时候，也用手指比划着练字，仔细**揣摩**（chuǎi mó；悉心探求）字体的结构和笔法，心里想着，手指就在自己身上一横一竖、一笔一画地比划着。

日子长了，衣服都被他划破了。他每天写完了字，总是要到自家门前的池塘里去洗刷毛笔和**砚台**（yàn；写

毛笔字磨墨的用具，多数用石做成），久而久之，池塘里的水都变成黑色的了。

　　由于王羲之长期勤学苦练，他的书法达到了炉火纯青的境界。谁得到他的字，就像获得珍宝一样。据说，山阴有个道士很喜欢王羲之的书法，想请王羲之给写一

给我写本《道德经》，鹅就送给你。

这个不难。

本《道德经》。可是，他知道王羲之不肯轻易替人抄写经书。后来，他听说王羲之最喜欢白鹅，常常模仿鹅掌划水的动作来锻炼手腕，以便运起笔来更加强劲灵活。于是他就买了几只小白鹅，精心喂养。几个月以后，鹅长大了，全身羽毛丰满，非常可爱。道士故意把鹅放在王羲之时常经过的地方。

一天，王羲之经过那里，看见这些羽毛洁白、姿态优雅的白鹅后，心里有说不出的喜欢，就向道士提出要买下这群鹅。道士说："鹅是不卖的，不过，如果你能

给我写一本《道德经》，我就把这群鹅赠送给你。"王羲之毫不犹豫地答应了，写好一本《道德经》交给了道士，带走了这群鹅。

王羲之出生在东晋士族大家，本来可以做很大的官，可他喜欢自由自在，不愿做官。后来，扬州刺史殷（yīn）浩与他关系很好，写信劝他出仕，他才任职会稽（kuài jī）内史。到那里做官，主要还是因为会稽的风景秀丽，可以怡人性情。

公元353年，王羲之与谢安、孙绰（chuò）等著名文人到会稽山阴（今浙江绍兴）的兰亭举行宴会。这些文人在兰亭会上乘兴作诗，共得诗37首，编成《兰亭集》。王羲之也在酒酣耳热之时，当场挥笔，为诗集作序，这就是著名的"天下第一行书"《兰亭集序》。

这篇书法大作，章法浑然一体，笔法粗细多变，字形疏密相间，连墨气也忽浓忽淡，体现了王羲之书法的至高境界。同时，这篇作品也成为千古传诵的散文名篇，在中国文化史上具有重要的地位。

醒木一响，评书开场！
品茶听书，为你讲述有滋有味的两晋传奇；
真真假假，权且当茶余饭后的谈资……
今天，我要给大家讲的是——葛洪成仙！

葛洪成仙

　　东晋时期的葛（gě）洪，是我国古代一位著名的道教学者。据说他是三国时期著名方士葛玄的侄孙，世称"小仙翁"。

　　葛洪年轻的时候，家里非常穷。他家中曾着了几次火，家里仅有的典籍也被烧毁了。葛洪于是背起书篓（lǒu），到别人家中借书，借回来以后，再一点一点地抄下来。买不起纸，他就每天上山打柴，用卖柴的钱买纸；点不起油灯，他就借着微弱的火光阅读书籍。就这样日复一日，年复一年，葛洪终于成为一个学者。

葛洪为人宽厚，他不追求荣华富贵，也没有什么特别的爱好，唯一喜欢的就是神仙导养之法。他曾经跟随叔祖葛玄的徒弟郑隐学习炼丹术。葛洪对于炼丹术的喜爱，远远超过了其他东西。

有一次，皇帝想要奖励他，各种大官职任他选择。葛洪想了想，说："请陛下让我去句漏这个地方当县令吧。"皇上听了，十分奇怪，说："那是一个很小的地方，还是换一个吧。"葛洪说："陛下，那个地方虽然很小，但是却出产很好的**丹砂**（dān shā；方士炼制外丹的常用原料），对炼丹很有益处，请陛下答应我的请求吧。"皇上听了，便答应了他。葛洪就带着自己的子孙、随从，一起到句漏这个地方去了。

但在半路上，他们却被广州刺史邓岳留住了。邓岳知道葛洪是个非常有学问的人，便想劝他留下，为国家出力。葛洪见自己无法离开，就到广州的罗浮山里面，一心一意地著书、炼丹去了。

葛洪在罗浮山中住了很多年。一天，他给刺史邓岳写信说："我要去远方寻找师祖，很快就走。"邓岳收到信，连忙赶到罗浮山，想要与葛洪告别。但当他赶到的时候，葛洪已经去世了。

　　人们埋葬他时，发现他的尸体非常轻，感觉只剩下了衣服的重量。人们都说，葛洪已经成了仙人，升到天空中了。

　　葛洪的神奇故事流传下来，后世的人们就都称他为"葛仙翁"。

知识补给站

"衣冠南渡"是怎么回事?

衣冠南渡最初指的是西晋末,晋元帝避乱渡江,在建康建立东晋的事件,当时大批缙绅、士大夫及庶民百姓随之南下,史称"衣冠南渡"。后"衣冠南渡"逐渐演化为熟典,代指缙绅、士大夫等避乱南方并落地生根的事件。

你知道成语"闻鸡起舞"的来源吗?

青年时代的祖逖和刘琨每天鸡叫后就起床练剑,剑光飞舞,剑声铿锵。春去冬来,寒来暑往,从不间断,他们最终成为能文能武的全才。祖逖被封为镇西将军,实现了报效国家的愿望。后世就用成语"闻鸡起舞"比喻志士奋发向上、坚持不懈的精神。

晋元帝司马睿为什么会被气死?

　　司马睿因无法动摇王氏的权势，渐渐忧愤成病，卧床不起。他想到大臣中只有司徒荀组对自己比较忠顺，就任命他为太尉兼领太子太保，打算让他参与朝政，钳制王导。不料司徒荀组上任不久就病死了，司马睿更加忧伤，病势加重。不久，司马睿在忧愤中病逝，终年47岁。

你知道"东床快婿"的故事吗?

　　太尉郗鉴听说太傅王导家的子侄都是少年才俊，就派门生到王导家求亲。王导听明来意后，就让门生去东厢房随意挑选。诸位公子个个收拾齐整，在屋子里正襟危坐。只有王羲之一个人袒腹躺在东床上，不把选婿放在心上。门生回去后对太尉说了王家诸位公子的情况，太尉听后高兴地说："那个袒腹东床的公子，就是我的好女婿了。"于是，郗鉴就把女儿嫁给了王羲之。

第 **5** 章
桓温的北伐之路

有言在先

  自陶侃平定苏峻之乱后，东晋内部暂时消停了。而此时的北方却纷乱不堪，政权不断处于大洗牌状态。东晋朝廷趁北方大乱之机，令殷浩北伐，结果殷浩屡战屡败，桓温趁机掌握了朝廷大权。

  此后，桓温开始了三次北伐。然而，结局却是雷声大雨点小，甚至让人有些发懵。三次北伐，要么粮草不够，宣布撤退；要么收复失地，皇帝不愿北归；要么粮草被劫，损兵折将而逃。桓温的三次北伐，也就此画上了句号。

故事万花筒

一场阴差阳错的胜利

故事主角： 桓温

故事配角： 江彪、李势、袁乔等

发生时间： 公元 345 年—公元 347 年

故事起因： 桓温当上安西将军、荆州刺史，打算攻打巴蜀的成汉政权

故事结局： 桓温带领晋军打败了成汉的军队，成汉王朝就此灭亡

桓（huán）温是东晋知名的政治家和军事家。桓温 15 岁那年，他的父亲桓彝（yí）在苏峻之乱中被叛军杀害，泾（jīng）县县令江播参与了谋划。当桓温得知父亲被害的消息后，悲痛欲绝，发誓一定要为父亲报仇雪恨。

桓温 18 岁时，杀父仇人江播死了。江播的儿子江彪（biāo）等兄弟三人为父守丧，他们怕桓温前来寻仇，提前在丧庐内备好各种兵器，以防不测。

你有张良计，我有过墙梯。见对方守备森严，桓温就假扮吊客，轻松混入。桓温怀揣刀剑大闹灵堂，三下五除二，就杀了江彪等六人，并全身而退。

成年后的桓温在官场上日渐崭（zhǎn）露头角（指突出地显露出才能和本领）。公元345年，桓温被提拔为安西将军、荆州刺史，掌握重兵。

桓温到了荆州后，就打算攻打巴蜀的成汉政权。而当时的成汉正日渐衰微，皇帝李势更是荒淫无道。桓温的谋士袁乔对此极力赞同，他认为北方的后赵政权不敢趁机进犯，以打消桓温的顾虑。桓温于是决定伐蜀。

佳期难得，好事多磨。直到公元347年，桓温才说服晋穆帝，同意讨伐李势。两军刚交战时，形势对晋军极为不利，桓温的部下参军龚（gōng）护战死，桓温的马也中了箭，桓温慌忙命令撤退。但戏剧性的一幕出现了，当时击鼓的士兵误解了桓温的意思，反而擂起了前进的战鼓，三军将士瞬间如猛虎一般，奋勇向前。

成汉皇帝李势也吓傻了，本以为就这样取胜了，却没料到桓温的兵将们竟然是一群不要命的主儿。面对如洪水般的猛烈攻势，成汉的军队很快就败下阵来。吓破胆的李势连夜逃跑，后来又派人求降。桓温大军浩浩荡荡进入成都，成汉王朝就这样灭亡了。回朝后，桓温因此被提升为征西大将军，封临贺郡公，一时间声震朝野。

北伐，打了一场糊涂仗

故事主角：桓温

故事配角：殷浩、姚襄

发生时间：公元 354 年、公元 356 年、公元 369 年

故事起因：东晋大将殷浩数次北伐，却屡次战败，桓温因而如愿上位，开始了三次北伐

故事结局：桓温三次出兵北伐，多有败绩，声誉受损

被寄予厚望的东晋大将军殷浩，曾奉命北伐，哪知却屡次战败，这让朝廷上下一片愤怒声。桓温趁机落井下石，列举殷浩种种罪状，迫使朝廷将殷浩废为平民。竞争对手没了，人气飙升的桓温获朝廷大权，三次北伐也由此开始。

公元 354 年，桓温率四万大军从江陵出发，一路向北，直指关中，讨伐由氐族人建立的前秦政权。桓温一路过关斩将，数次大败秦军，很快率军占领灞（bà）上，抵

达前秦都城长安的郊区。

当地老百姓听说王师打了回来，纷纷牵牛担酒前来犒（kào）劳晋军。还有老人哭着说："没想到还能活着看到官军归来！"然而不久，戏剧性的一幕出现了：因军中缺粮，桓温被迫退兵。前秦军咬住不放，一路穷追猛打，晋军刚得到的地盘又丢了，还白白损失了一万多人。

一次北伐不行，就再来一次。公元356年，桓温进行了第二次北伐——开局良好，一路进展神速。8月，桓温军队大败羌族首领姚襄的军队，并收复了洛阳。然而，东晋朝廷对桓温的北伐抱消极态度，只求苟安东南，无意北还，这让桓温犯了难。桓温只得从洛阳撤军，收复的失地又再次全部丢失，感觉像打了一场糊涂仗。

公元369年，桓温趁执掌大权之机，发动了第三次北伐，目的是讨伐前燕政权。前燕五万军队进行抵抗。这时，桓温犯了一个低级错误，他下令由水路运粮，结果燕军占领了石门渡口，切断了水运粮道，卡住了桓温军队的命门。无奈之下，桓温只好命令全军快速撤退。谁料却遭到了前燕军队的围追堵截，一场拼死厮杀后，桓温损兵折将，带去的兵将所剩无几，只能灰头土脸地回到了东晋。

　　这次北伐的失利，使桓温如日中天的威信大大降低。但此时的桓温已掌握了东晋的军事大权，野心也越来越大，成为一手遮天的人物。

全天下都是我桓温的。

头脑清醒的"小诸葛"

故事主角：王猛

故事配角：桓温、关中父老等

发生时间：公元 354 年

故事起因：王猛得知桓温带军到了灞上，便前来求见

故事结局：桓温觉得王猛是诸葛亮一样的人才，再三邀请其出山，但被王猛拒绝

桓温第一次北伐时，将军队驻扎在灞上。关中父老都以酒肉犒劳，男女夹道欢迎。

有一天，有一个穿着破旧短衣的读书人来军营求见桓温。桓温很重视人才，一听来了个读书人，便马上请他进来相见。

这个读书人叫王猛，从小家里很穷。但他喜欢读书，也很有学问。当时关中士族嫌他出身低微，都瞧不起他，但他毫不介意。有人曾经请他到前秦的官府里做小官，

他不愿意去，后来就在华阴山隐居了下来。这次他听说桓温来到关中，特地到灞上求见桓温。桓温很想知道王猛的学识才能究竟如何，便请王猛谈谈当今的天下形势。

王猛侃（kǎn）侃而谈，把南北双方的政治军事形势分析得清晰明了，见解也很精辟，桓温听了暗暗佩服。王猛一边谈，还一边把手伸进衣襟里摸虱子。桓温左右的侍从见了，都忍不住想笑。但是王猛却旁若无人，照样谈笑自若。

桓温觉得王猛是个人才，就接着问道："我奉天子之命，统率十万精兵讨伐逆贼，为百姓除害，而关中豪杰却无人到我这里来慰劳，这是怎么回事呢？"

王猛直截了当地回答说："您不远千里深入北境，长安城近在眼前，而您却不渡过灞水直接把它拿下，人们都看不透您的心思，所以不肯前来。"桓温的心思是：恢复关中，只能得个虚名，而地盘却要归于朝廷；与其消耗实力，失去与朝廷较量的优势，不如留敌自重。王猛暗带机关的话，触及了他的内心，让他一时无言以对。

桓温觉得王猛就是诸葛亮在世，从关中退兵的时候，他再三邀请王猛跟他一起走，赐给王猛华车良马，还封了他一个比较高的官职。但王猛不是贪图名利之人，他有自己的小算盘，他知道东晋王朝的内部不稳定，弄不好还会身败名裂，于是就拒绝了桓温的邀请，继续回去隐居读书。

将军觉得我说得对吗？

这王猛是个人才。

大枭雄最后的疯狂

故事主角：桓温

故事配角：郗超、褚太后、孝武帝、王坦之、谢安等

发生时间：公元 371 年—公元 373 年

故事起因：晚年的桓温废立晋帝，意欲篡位夺权，图谋不轨

故事结局：在谢安、王坦之的机智应对下，桓温的野心没能实现

大枭（xiāo）雄桓温本想借第三次北伐，为自己赢得更大的威名，却没想到遭受了一生中最大的耻辱。

他的手下郗超看出了桓温的心思，当即建议桓温效仿汉朝的霍光，废立皇帝，进而重立权威。

郗超的这个提议是个会掉脑袋的"馊主意"，但桓温也不是个善类。他曾经说："男子汉如果不能流芳百世，也应当遗臭万年。"所以，当听到郗超这样说时，桓温的内心十分高兴，毕竟说到了他的心坎里。于是，晚年的桓温便开始了最后的疯狂。

公元 371 年，桓温带领大军逼褚（chǔ）太后废掉了司马奕，另立司马昱（yù）为帝。司马昱得以登基，改年号为咸安，这就是晋简文帝。

废掉司马奕后，桓温的权势达到了顶点。桓温对自己的几个老对手都施以颜色，很多大臣因此送了命。就连战功赫赫的谢安，在见到桓温的时候也要"遥拜"，桓温俨然成为东晋王朝的权力中心。

桓温本以为能慢慢地代晋自立，但计划赶不上变化。登基不久的晋简文帝，有一天突然死了，这让桓温有些措手不及。原本晋简文帝写好了一份诏书，说要让位于桓温，却让"拦路虎"王坦之当着晋简文帝的面给撕了。晋简文帝驾崩之后，王坦之等人立太子做了皇帝，也就是晋孝武帝。桓温决定到京城去"讨说法"。

公元 373 年，桓温决定带军进入建康。几乎所有人都忧心忡忡的，认为晋室会被桓温所取代。都城中更是有着各种传言，说桓温此行是来诛杀王、谢两家的。听了这些传闻，王坦之非常惊恐，谢安却坦然自若。

桓温将到的时候，朝廷命令百官前往迎接。王坦之为了保命，便想逃走。谢安劝道："晋国的存亡，就在此行。"王坦之虽然害怕，但他好歹也是对晋室忠心耿耿的大臣，听到谢安这样说，也就"舍命陪君子"了。最终，在谢安、王坦之的机智应对下，成功化解了一场政治危机。

通过这次会面，桓温也隐隐地感觉到谢安和王坦之二人的实力，有这样的臣子保卫晋廷，自己根本没有办法来硬的，于是打消了兵变的主意。在建康停留了14天之后，桓温的旧疾复发，所以只能带兵返回。从此之后，桓温便再也没有踏上建康的土地。

桓温回去后，病情越来越重，但心里仍想着逼朝廷加其九锡（cì，通"赐"）之礼，并多次派人催促。谢安、王坦之见桓温病重，便以各种理由拖延。

一代枭雄桓温终究没能等到他的九锡之礼，就在美梦中离开了人世。

醒木一响，评书开场！
品茶听书，为你讲述有滋有味的两晋传奇；
真真假假，权且当茶余饭后的谈资……
今天，我要给大家讲的是——咏絮之才谢道韫！

咏絮之才谢道韫

谢道韫（yùn）生于东晋时的世家大族，她的叔父就是在淝水之战中以少胜多的著名将领谢安。在谢氏子弟中，谢安特别欣赏文才出众的谢道韫。

有一年冬天，谢安召集子侄们围坐在火炉旁边，和他们讲论文章的道理。不一会儿，屋外北风怒吼，雪花纷飞，越下越大，越下越急。谢安一时兴起，问道："这纷纷扬扬的白雪，你们说说它像什么？"

侄儿谢朗应声回答道："把盐撒在空中，和这个差

106

不多。"谢安听后，默不作声。侄女谢道韫随即答道："满天飞舞的雪花，就像春天随风起舞的柳絮（xù）。"谢安听到这里，高兴地大笑起来。

雪花的特点是洁白、轻盈。谢朗用"撒盐"作比，盐粒细小而质重，撒在空中，只会迅速落下，不会随风飞舞，因此他只注重了色彩的相似，而没有着眼雪花轻盈的形态；谢道韫用"柳絮"作比，不仅抓住了色彩洁白这个相似点，而且还突出了雪花轻盈这一特点，她的比喻巧妙贴切，谢朗的比喻与之相比，就显得逊（xùn）色多了。

谢安夸奖"柳絮因风起"的故事后来流传了下来，人们便用"咏絮之才"来夸赞在诗文创作方面比较有才华的女子。

知识补给站

桓温三次北伐失败的主要原因有哪些？

桓温北伐，真正目的不是收复中原，而是想借此树立个人威名，并最终篡权代替晋室。因此，他常在战局大好的形势下观望不进，丢失战机。与此同时，东晋君臣也无意恢复故土，只想立足东南一隅，看到桓温权势很大，朝廷对其怀有很深的戒心，对北伐也不是真正支持。这些都是导致三次北伐失败的原因。

古代的士族拥有怎样的权势和地位？

魏、晋、南北朝时期的士族泛指世代为大官高爵的家族，又称世族、高门，以严格区别于庶族。士族在东汉以后逐渐形成，东晋及南朝时势力鼎盛。他们占有大量土地和劳动力，世世代代沿袭官爵，不与庶族通婚、共坐、交往，享有政治、经济等各方面特权。

你知道“东山再起”的故事吗？

东晋谢安，才学过人，但却遭小人嫉妒，使得皇上一刻用他一刻贬他。谢安一气之下辞官来到土山隐居，在土山上大兴土木，并改土山为东山。后来，前秦苻坚率军南下伐晋，皇帝决定重新启用他。淝水一战，谢安救了东晋，被封为三公之上。后来，人们就用“东山再起”来比喻失势后重新恢复地位。

什么是“九锡之礼”？

九锡之礼，是中国古代皇帝赐给诸侯、大臣等有特殊功勋的人的九种礼器，是最高礼遇的表示。这些礼器通常是天子才能使用的，赏赐形式上的意义远大于使用价值。锡，在古代通“赐”字。九种特赐用物分别是：车马、衣服、乐县、朱户、纳陛、虎贲（bēn）、斧钺（yuè）、弓矢、秬鬯（jù chàng）。

第6章
苻坚折戟江南

有言在先

　　前秦是十六国时期的政权之一，也是其中最大的"黑马"。当苻坚坐上了前秦的帝位，就开始了励精图治的变革操作，使前秦逐步成为十六国中最强大的国家，并最终统一了北方。

　　实力强了，底气足了，苻坚便厉兵秣马，准备杀向江南。过往的胜利，犹如一瓶高度的烈酒，让他此时有些上头而不够清醒。他毅然力排众议，挥师百万直取南国晋地。然而心比天高，命比纸薄，苻坚的百万雄师竟然被八万东晋军队打得到处溃逃，这是他一生中最大的失败和耻辱。

这个孩童不简单

故事主角：符坚

故事配角：符洪、徐统等

发生时间：公元 338 年—公元 346 年

故事起因：传说符坚天生带有富贵之相，背有谶文，预示
未来不凡

故事结局：少儿时代的符坚潜心学习，立下了统一天下的
大志

    符（fú）坚，是前秦的奠基者符洪的孙子，也是前秦开国君主符健的侄子。据说符坚天生带有富贵之相，传说他背后有谶（chèn；指将要应验的预言、预兆）文："草付臣又土王咸阳。""草付"是符；"臣又土"，是繁体的"坚"，也就是说，他将来要在咸阳称王立国。这条谶文，在迷信的古人看来是非常吉利的事，于是家人就为他取名"符坚"。也许正是应验了谶文，符坚自幼聪

明伶俐，智慧过人，天资远远超过其他孩子，言谈稳重，举止非凡，倍受祖父苻洪的宠爱。

当时有个叫徐统的人，很擅长看面相。有一天，徐统在路上看到了年幼的苻坚，见他长相非比寻常，就上前拉住他的手说："这里是皇帝巡行的街道，你们在此玩耍，不怕司隶校尉把你们捆起来吗？"苻坚机智地回答说："司隶校尉只捆有罪的人，不捆玩耍的小孩。"徐统于是对随行的人说："这孩子有霸王之相。"

后来两人又相遇，徐统悄悄对苻坚说："你的面相不同寻常，日后必定大富大贵。"

苻坚一本正经地说："如果真有那么一天，我终生不会忘记您的恩德。"

在苻坚八岁的时候，一天，他突然向爷爷苻洪提出要请个先生。苻洪惊奇地望着孙子说："我们的民族从来只知喝酒吃肉，你想求学实在太好了。"于是欣然答应。

苻洪果然给孙子请来了先生。苻坚学习非常刻苦，潜心研读经史典籍，学识不断增长，他也立下了经世济民、统一天下的大志。后来，他又结交了许多豪杰，很快成为朝野中享有盛誉的佼佼者。

前秦请了个大能臣

故事主角：王猛

故事配角：苻坚、苻生、吕婆楼、强德等

发生时间：公元 355 年—公元 375 年

故事起因：有学之士王猛出山，成为前秦苻坚的重要谋臣和助手

故事结局：前秦在苻坚和王猛的治理下，国力越来越强大，为统一北方奠定了基础

公元 355 年，前秦的皇帝苻健死了，他的儿子苻生昏庸残暴，以杀人为儿戏，大臣们稍有不慎就会掉脑袋，每个人都活得心惊肉跳，度日如年。一时间，举国上下人心**惶惶**（huáng huáng；心中惶恐不安的样子），苻健之侄苻坚更是忧心国运，决定除掉苻生。

当苻坚向尚书吕婆楼请教除去苻生之计时，吕婆楼力荐王猛。苻坚立即派吕婆楼请王猛出山。苻坚派人把

王猛请来相见，两个人一见如故，谈起时事来，见解完全一致。苻坚非常高兴，像刘备得到了诸葛亮一样。于是，王猛留在苻坚身边，为他出谋划策。公元 357 年，苻坚一举诛灭苻生及其帮凶，自立为大秦天王。

苻坚即位后，王猛一年里官升五次，成为苻坚最亲信的大臣，主持前秦的政务长达 16 年。王猛在任内执法不阿，精明强干，重视农业生产，对外加强战备，使得前秦的国力迅速强大，为统一北方奠定了基础。

王猛兼任京兆尹时，太后的弟弟强德强抢百姓的财物和妇女。王猛一面逮捕了强德，一面派人报告苻坚。等到苻坚派人来宣布赦（shè）免（指免除或减轻罪犯的罪责或刑罚）强德时，王猛早已把强德处死了。这之后，长安的权门豪强、皇亲国戚有 20 多人被处死、判刑、免官。从此以后，谁也不敢胡作非为了。

前秦在苻坚和王猛的治理下，国力越来越强大。在十几年内，前秦先后灭掉了前燕、代国和前凉三个小国，黄河流域地区全成了前秦的地盘。

公元 375 年，王猛得了重病。王猛对前来探望他的苻坚说："东晋远在江南，现在内部和睦。我死之后，陛下千万不要去进攻晋朝。我们的敌人是鲜卑和羌人，要保证秦国的安全，就一定要先把他们除掉。"

　　说完这些话，一代贤相便停止了呼吸。苻坚三次临棺祭奠大哭。前秦按照汉朝安葬大将军霍光那样的最高规格，隆重地安葬了王猛，并且追谥王猛为"武侯"。

鲜卑和羌人才是我们的敌人。

会过日子的好皇帝

故事主角: 苻坚

故事配角: 王猛、苟皇后等

发生时间: 公元 355 年—公元 376 年

故事起因: 苻坚对前秦进行各种改革, 鼓励学习汉族文化, 与民休养生息, 推动农业生产

故事结局: 前秦经济得到了快速发展, 并最终统一了北方大地

在前秦历史上, 苻坚不仅是胸怀大志的好皇帝, 也是治国理政的能手。苻坚深信强大自己才是硬道理, 为了发展国家, 实现统一天下的远大抱负, 在王猛的辅佐下, 他对内进行了一系列大刀阔斧的改革。

苻坚自幼学习汉族文化, 崇尚儒家的经典, 为扭转氐族迷信武力、轻视文化知识的落后观念, 他积极恢复了太学和地方各级学校, 广修学宫, 招聘有才学的人担任老师, 并强制公卿以下的子孙入学读书。

为了让好钢用到刀刃上，苻坚还亲自挑选品学兼优的学生到各级权力机构任职。同时规定：俸禄百**石**（dàn；古代容量单位，十斗为一石）以上的官吏，必须"学通一经一艺"，否则就革职罢官。前秦很快就出现了劝业竞学、养廉知耻的风气，培养了官僚后备队伍，还提高了统治阶层的文化素质。

同时，为了迅速扭转萧条局面，苻坚登位之初便决定停战休兵，大力发展生产。

公元358年，前秦广大地区遭到大旱，为了渡过难关，苻坚下令减少自己的膳食，撤销歌乐，后宫皇妃以下的宫女改换布衣，文武百官也相应地减少俸禄。同时开发山上的矿产林木，解除限制渔业的禁令。由于苻坚的措施得力，没有引起大的饥荒灾难。

关中地区自古少雨易旱，苻坚就下令官府征调人力修田通渠，灌溉梯田和盐碱地，使荒芜了多年的田地重新长出了五谷。苻坚还亲自耕作，他的夫人苟（gǒu）皇后也到近郊养蚕，起到了很好的带头作用。

每逢灾年，苻坚就下令减免部分租税，节约官府开支，并规定不是当务之急就不要征派徭役，还奖励种田的农民。由于苻坚把发展农业作为基本的国策，前秦的经济恢复得很快，几年后便出现了安定清平的新气象，为前秦最终统一北方积淀了雄厚的实力。

公元376年，强大的前秦灭掉了前凉，同年进兵灭代，后又平定西域三十六国。自此，前秦统一了北方。

一失足成千古恨

前秦统一北方后，开始将目光投向了东晋。公元 383 年，胃口大开的苻坚，不顾群臣反对，准备举大军攻打东晋。8 月，苻坚发动近百万大军水陆并进，直扑东晋。

东晋宰相谢安以谢石为大都督，以谢玄为前锋，率军八万前去迎敌。又命将军胡彬（bīn）率水军五千援救寿阳。10 月，苻坚求胜心切，他等不及各路人马聚齐，便命令苻融进攻寿阳。

苻坚到了寿阳，派尚书朱序到晋军大营去劝降，苻坚哪知自己押错了宝。朱序本是东晋将领，几年前在襄阳和前秦军队作战时兵败被俘，留在了前秦。现在他见晋秦交战，知道自己为东晋出力赎罪的机会到了。他到晋营，不但没有劝降，反而向谢石提出打败前秦军的建议。

朱序对谢石说："这次苻坚发动了百万人马攻打晋国，如果全部人马都到了，恐怕晋军无法抵挡。所以，应乘前秦军还没集结的时候，赶快进攻前秦军前锋。打败了前锋，便可挫伤前秦军的士气，这样就可以战胜前秦军了。"

谢石听从了朱序的建议，派出一支精锐的王牌军，在夜晚神不知鬼不觉地来到洛涧（jiàn），向前秦军阵地发起突然袭击。正在睡梦中的前秦将领梁成听到喊杀声，吓出了一身冷汗，慌慌张张地从床上爬起来，上马迎战，结果被晋军将领一刀砍翻，送了性命。

前秦军失去主将，四散奔逃，晋军乘胜追击。谢石带领晋军主力渡过洛涧，在离寿阳城只有四里地的八公山下，扎下营寨，与前秦军主力隔淝（féi）水对峙。苻坚在寿阳城里接到洛涧前秦军失利的消息，有些沉不住气了。

过了几天，谢石玩起了套路，他派人到寿阳城给苻融下战书，要求定期决战，条件是前秦军把阵地向后撤一些，腾出一块空地作为战场，让晋军渡过淝水决战。前秦军将领都反对，苻坚却对众将说："让我们的士兵稍稍向后退一点，等他们正在渡河的时候，让我们的骑兵冲上去，一定能把他们消灭。"

谢石、谢玄得到回音后，迅速整顿兵马，指挥渡河。晋军渡过淝水，勇猛地冲向前秦军阵地。朱序见状，就在前秦军阵后大声高喊："前秦军败了，前秦军败了！"正在后退的前秦军，听到喊声，一时也分辨不清是真是假，逃的逃、躲的躲，整个队伍溃不成军。

苻融一看，赶快跑到后面去拦阻队伍，不料连人带马被挤倒在地。他还没来得及从地上爬起来，就被赶上来的晋军一刀砍死。苻坚见形势不妙，只好逃命。到洛阳（今河南洛阳）时，苻坚收拾残兵，只剩下十几万人，前秦从此元气大伤。

醒木一响，评书开场！
品茶听书，为你讲述有滋有味的两晋传奇；
真真假假，权且当茶余饭后的谈资……
今天，我要给大家讲的是——做噩梦的姚苌！

做噩梦的姚苌

符坚一生仁义宽厚，最终却被后秦主姚苌（cháng）吊死。更过分的是，姚苌还把符坚的尸体挖出来鞭打，脱掉衣服用荆棘裹起来，再埋进土坑。

符坚曾对姚苌礼遇有加，而姚苌却恩将仇报，这也让姚苌心存愧疚，以至于每次做梦，都梦到符坚指着他的鼻子大骂。姚苌后来诸事不顺，屡屡败阵，认为是符坚显灵，于是便在军中树立符坚像，祈求道："新平之祸，是我哥姚襄杀了陛下啊，不要找我。我现在为陛下立神像，请陛下的灵魂进入这里，听臣至诚的祷告。"此时的姚苌，将一切罪责全推给哥哥，把自己摘了个干净。

即使立了神像，姚苌的战况仍未得到改善，自己反而更睡不安稳了，一直活在恐惧之中。据说，姚苌死前曾梦见过符坚率天官、鬼兵去袭击他，吓得他在皇宫内乱跑，宫人在帮他刺鬼时，却误伤了他，导致其大量出血。

不久，姚苌伤重身亡，临终前跪伏床头，叩首不已。

知识补给站

你知道成语"草木皆兵"是怎么来的吗？

符坚的先锋部队在寿春一带被晋军击败，损失惨重。前秦军锐气大挫，军心动摇。此时，符坚在寿春城上望见晋军队伍严整，士气高昂，再北望八公山，只见山上一草一木都像晋军的士兵一样。符坚对弟弟说："这是多么强大的敌人啊！怎么能说晋军兵力不足呢？"此后的淝水之战中，前秦大败，符坚中箭而逃。后来，人们用"草木皆兵"来形容神经过敏、疑神疑鬼。

前秦最强盛时的疆域有多大？

前秦曾一度是魏晋南北朝时期版图最大的，史称"东极沧海，西并龟兹，南包襄阳，北尽沙漠"。东北、西域各国都遣使和前秦建交，只有东南一隅的东晋与它对峙，以淮河、汉江为界。疆域远超曹魏和后赵，以后的北魏、北周的疆域也没有如此辽阔。

十六国时期，最短命的王朝是哪个？

在十六国时期，最短命的是匈奴铁弗部赫连勃勃建立的胡夏政权，从其成立到最终消亡，只有 24 年时间。胡夏在兴起的过程中，先后多次击败了强大的后秦，之后更是将北伐的东晋军队赶回了江南。然而，赫连勃勃残暴的统治，以及其后人的权力斗争还是让胡夏走上了下坡路，并最终被其他政权消灭。

我国第一部神话小说是哪部作品？

《搜神记》是我国最早的一部神话小说，作者是东晋的史学家干宝。原本《搜神记》已散，今本系后人缀辑增益而成，共 20 卷，有大小故事 454 个。主角有鬼，也有妖怪和神仙，杂糅佛道，所记多为神灵怪异之事，也有一部分属于民间传说。它是集我国古代神话传说之大成的著作，开创了我国古代神话小说的先河。

第 7 章

东晋遇到了掘墓人

有言在先

　　东晋王朝自始至终都是混乱动荡的，总是处于"半死不活"的病态。天子，要么昏庸无能，要么悲催短命；臣子，要么互掐内斗，要么篡权弑君。君不君，臣不臣，处处上演着黑暗的戏码。

　　当桓玄叛乱废帝，自立为天子后，大将刘裕挺身而出，一时间成为东晋的"大功臣"。然而，刘裕也不是善类，他最终废除晋恭帝，堂而皇之地当上了刘宋政权的皇帝，给司马家族的政权画上了句号。东晋，走到了命运的尽头。

故事万花筒

父亲有贼心，儿子有贼胆

故事主角：桓玄

故事配角：刘裕、何无忌、吴甫之、皇甫敷、桓谦、卞范之等

发生时间：公元 403 年—公元 404 年

故事起因：桓玄篡位称帝，刘裕、何无忌等人举义兵讨伐

故事结局：桓玄被讨伐的军队击败，在逃亡路上又被益州刺史的部队截杀

桓温晚年虽然有篡逆谋反的心，但是毕竟没有迈出这一步。但是桓温的小儿子桓玄，却是一个敢想敢干的"行动派"，野心也远在老爹之上。

公元 403 年，桓玄找准机会废去了晋安帝，堂而皇之地登上了帝位，改国号为楚，改封晋安帝为平固王，不久迁都寻阳。

桓玄篡位以后，昏庸无道，只知吃喝玩乐。即使是

128

五哥桓伟下葬的日子，桓玄也是白天哭丧，夜晚出去游玩，有时甚至一日多次出游。除此之外，桓玄还兴修宫殿、建造可容纳30人的大车。百姓因此疲惫困苦，民心思变。刘裕、何无忌等人，趁机举义兵讨伐桓玄。

公元404年3月，刘裕和桓玄手下的勇将吴甫之战于江乘（shèng）。吴甫之的军队是桓玄阵营当中的"特种部队"。但是刘裕要比他更加勇猛，刘裕在这场战争中拿出了他的看家本事——喊。刘裕身先士卒，手执长刀，大声呼叫着。看到主帅如此玩命，刘裕的军队一下子就士气高涨。最终吴甫之被杀。

接着，双方军队又战于罗落桥，桓玄的部下皇甫敷（fū）率数千人迎战。但刘裕却愈战愈勇，前后奋击，所向披靡，最后皇甫敷兵败被砍死。

听说皇甫敷被砍死了，桓玄感到了恐惧。他急忙派出桓谦屯兵东陵口，让卞（biàn）范之在覆舟山西屯兵，这时候双方兵力总共约有两万。不久之后，刘裕让自己的士兵全都吃饱肚子，把所有的余粮全部扔掉，轻装上阵，也模仿项羽来个破釜沉舟，这一招极大地提高了士兵的士气。

刘裕率领军队前进到覆舟山东，命令手下将旗帜遍插在周围的山上，以此迷惑桓玄的军队，让其误认为刘裕的主力在这里。桓玄又派兵前往增援。

人算不如天算，恰巧在这时候，刮起了东北风，刘裕抓准了这千载难逢的机会，马上下令纵火，这时候火烟铺天盖地，桓玄的最后一道防线就这样土崩瓦解。

桓玄看大势已去，只得派人守住建康，自己率子弟南下逃走了。刘裕的部队马上直奔建康，不久之后，建康城被攻下。

打败了桓玄，刘裕成了东晋的大功臣，朝廷命刘裕掌管八州军事，领军将军，地位比当初的桓玄还高，几乎掌握了全国的军事权力。

在这之后，刘裕又派人去追击桓玄。在刘裕的穷追猛打之下，桓玄最终仓皇向西逃亡蜀中。在逃命的路上，桓玄被益州刺史的部队截杀。

姐夫坑死了小舅子

故事主角：卢循、徐道覆

故事配角：刘裕、何无忌、韩范、封融、刘毅等

发生时间：公元 410 年—公元 411 年

故事起因：卢循、徐道覆乘刘裕北伐之际，发兵进犯建康

故事结局：刘裕回师后，发兵讨伐，徐道覆战死，卢循兵败自杀

刘裕掌握东晋政权后，为了稳定地方，对桓玄时候的地方官格外开恩，很多人还得到了升迁，卢循（xún）也是被提拔的官员之一。他被任命为征虏（lǔ）将军、广州刺史等职，待遇已是相当不错。

始兴太守徐道覆，是卢循的姐夫。这个人有点小聪明，也很贪心。公元 410 年，刘裕领兵北伐南燕，造成了南方兵力严重空虚。面对这样的机会，徐道覆有点不老实了。他派人去联络小舅子卢循，劝他马上造反。原本想当顺

民的卢循，架不住姐夫不断地"灌迷魂汤"，最终竟稀里糊涂地答应了。

徐道覆得到了卢循的"肯定"，开始了起事的准备工作——大量造战船。有了船只之后，徐道覆和卢循便率领叛军向着南康、庐陵、豫（yù）章等郡进军。

面对迅速壮大的造反派，东晋再次陷入到了危急状态。朝廷急忙派人通知刘裕赶紧回京。这时徐道覆的军队已经到了豫章附近，在剿灭桓氏中立下大功的何无忌，

此时正驻守在寻阳。面对乱党，有些自大的何无忌，主

动出兵与徐道覆决战。结果，何无忌付出了代价，战死

在了这场战斗中。何无忌一死，东晋朝廷彻底炸了锅。

在北方的刘裕得到朝廷传来的坏消息，也吓了一大跳，马上让南燕降将韩范、封融等人守住已经获得的土地，自己则急急忙忙向着建康回师。

到了东晋的地盘，刘裕本想和当时消灭桓玄的另一名将领刘毅一起攻打叛军。结果这支军队刚和卢循碰头，就全部被杀，刘毅不光把命丢了，连装备也都归了卢循。

这下子形势就对东晋和刘裕更加不利了。此时的徐道覆，已经看到了胜利的希望。但是卢循自从听到刘裕回师后，便心生恐惧。就在卢循犹犹豫豫时，刘裕在建康城建筑了许多工事，做好了十足的守城准备。等卢循想明白了再去进攻，已经晚了。卢循的军队进攻建康长达两个月，硬是没赚到任何便宜。

随着战场优势倒向刘裕，刘裕开始造大船，训练水军，组建起一支强大的军队；不仅派人偷袭了卢循的后方老巢番禺（pān yú），还一举打残了疯狂的叛军。卢循与徐道覆退到了广州境内。公元411年初，徐道覆的始兴城被晋军攻破，彻底招架不住的徐道覆就此战死。后来，无处可逃的卢循见形势不妙，也投河自尽了。

摆个阵仗给你看

故事主角：刘裕

故事配角：刘翘、晋安帝等

发生时间：公元 417 年

故事起因：北魏政权实力不断壮大，严重威胁东晋，刘裕
决定北伐

故事结局：刘裕大摆却月阵，打败了北魏的军队

　　刘裕的远祖是汉高祖刘邦的弟弟刘交。汉王朝覆灭后，刘氏家族也渐渐没落。到了他父亲这辈，父亲刘翘（qiào）也只做了个闲职小官。

　　刘裕一出生，母亲便死了，他也差一点被扔掉。后来，他父亲为他取名裕，即多余的意思。婶母给他取了个小名叫寄奴儿，即从小寄养他家的意思。刘裕 15 岁时，刘翘病死了，他的继母带着他和两个异母弟弟艰难度日。刘裕便做草鞋换粮食。生活虽然清贫，但他对继母却是

十分孝敬，宁可自己饿肚子，也不让继母没有饭吃。

生活在贫困之中的刘裕，一直怀有建功立业的志向，于是他加入了东晋北府兵的行列，成为一名士兵。后来，东晋北府兵将领孙元终让刘裕在自己身边做了一名亲兵。刘裕因为在战场上表现出众，被提拔为一名下级军官。

晋安帝复位时，刘裕已经成为把持东晋政权的大将。这时，北方鲜卑族建立起了北魏政权，他们的势力逐渐强大了起来，已经到达了黄河北岸，严重威胁着东晋。为了提高自己的威望，刘裕决定发动北伐。

公元 417 年，北魏派十万重兵驻守河北，并以游骑骚扰晋军。一开始，刘裕率领水军顺着黄河前进，有时风大浪急，很难占到主动权。晋军上岸去攻打魏军，魏军就逃走，等到晋军回到船上，他们又开始在岸上骚扰，弄得晋军疲于奔命，没法顺利进军。

这一天，刘裕命令军队上岸，沿岸摆出一个半圆形的阵势，两翼紧紧靠着河岸，中间鼓出，当中的一辆兵车上竖着一根白羽毛。魏军远远地看着晋军布阵，不懂是什么意思。一会儿，只见晋军当中的兵车上有人突然举起白羽毛，两侧便涌出两千兵士来，还带着一百张大弓。

魏军见状，觉得是**虚张声势**（假装出强大的气势），
没什么了不起，就派出三万骑兵发动进攻。谁知，在晋
军后面还布置了一千多支长矛，这种长矛有三四尺长，
十分锋利，被装在大弓上。晋军使用大弓发射长矛，那
长矛铺天盖地地向魏军扑来，吓得
魏军抱头乱窜，晋军大
获全胜。

禅位也不放过你

故事主角：刘裕

故事配角：王韶之、晋安帝、晋恭帝等

发生时间：公元 412 年—公元 420 年

故事起因：刘裕掌握了东晋大权，开始了篡权称帝的步伐

故事结局：刘裕逼迫晋恭帝禅位，建立了刘宋政权，并杀
死了晋恭帝

从公元 412 年开始，刘裕便掌握了东晋大权，篡位代晋的野心也很快暴露出来。刘裕一心想做皇帝，但苦于晋安帝不死，于是便命王韶（sháo）之入宫，将晋安帝活活勒死。

晋安帝是死了，但时机还不成熟，刘裕就命晋安帝的弟弟司马德文继位，这就是晋恭帝。晋恭帝在刘裕的控制下"当一天和尚撞一天钟"，得过且过，成为了名副其实的傀儡皇帝。

此后，刘裕便俯视整个晋廷，他不断培植亲信，铲除和自己作对的大臣，使自己的地位更加牢固。第二次北伐，克复关中，刘裕受封为相国、宋公。这个时候，刘裕觉得取代东晋的条件已经成熟。

又过了一年，已经 57 岁的刘裕，觉得自己的时日不多了，就有些着急当皇帝。公元 420 年，手下之人拟好禅位诏，献于刘裕，他拿到晋恭帝处让其抄录，晋恭帝欣然操笔，禅位于他。

不久，刘裕登上高坛，继皇帝位，是为宋武帝，并改元永初。同时刘裕封晋恭帝为零陵王，令其迁至秣（mò）陵县，派重兵把守。

尽管已经不再是皇帝，但是司马德文仍旧没有放下心，时时刻刻怕自己得罪了刘裕而招致杀身之祸。他更是怕被刘裕悄悄地下毒杀掉，于是他和妻子褚皇后都是自己煮饭吃。

尽管司马德文已经很小心了，但是刘裕还是要赶尽杀绝。一年多后，刘裕派褚皇后的兄弟携毒酒去弑（shì）杀晋恭帝。褚淡之和褚叔度两兄弟先把姐姐叫出来说要拉家常，引开了褚皇后。

褚皇后离开之后，晋恭帝心里已经有所察觉了。忽然，三个兵士跳墙入室，用被子把晋恭帝活活闷死。晋恭帝死时年仅 36 岁。

自此，伴随着最后一位皇帝的死亡，东晋王朝消失在了历史的风尘中。

不为五斗米折腰

故事主角: 陶渊明

故事配角: 王弘、檀道济等

发生时间: 不详

故事起因: 陶渊明看不惯官场逢迎拍马那一套，在彭泽县令任上辞官

故事结局: 陶渊明自此不再踏入官场，过上了隐居的生活

陶渊明又叫陶潜，祖上世代为官，曾祖父是大名鼎鼎的陶侃，就是在东晋前期立过大功，曾掌管过八个州的军事、每天搬运 100 块砖以锻炼意志的人。不过到了陶渊明的时候，家道已经衰落。陶渊明小的时候喜欢读书，有"济世救民"的志向，也想像曾祖父陶侃一样干一番大事业。

梦想是好的，但现实却很骨感。陶渊明到了 29 岁后，才在别人的推荐下，陆陆续续做了几任"参军"之类的小官。但他是一个很有个性的人，他看不惯官场逢迎拍

马那一套，

所以在仕途上辗转了

13 年之后，一腔热情便冷了，决心弃官隐居。

这里还有一个不为五斗米折腰的故事。那是陶渊明

最后做彭泽县（今江西东北部、长江南岸，邻接安徽省）

令的时候发生的。他上任之后，叫人把衙

门的公田全都种上酿酒用的糯

（nuò）稻。他说：“我

只要常常有酒喝就满足了。"

　　陶渊明的妻子觉得这样做可不行，吃饭的米总得要有啊，就坚决主张种粳（jīng）稻。后来陶渊明让了步：200亩公田，150亩种糯稻，50亩种粳稻。他原想等收成一次再做打算，不料刚过了80多天，郡里就派人来了解情况。

　　县衙内有一个小吏，凭着多年的经验，深知这事马虎不得，就劝陶渊明准备一下，恭恭敬敬去迎接。陶渊明听后叹

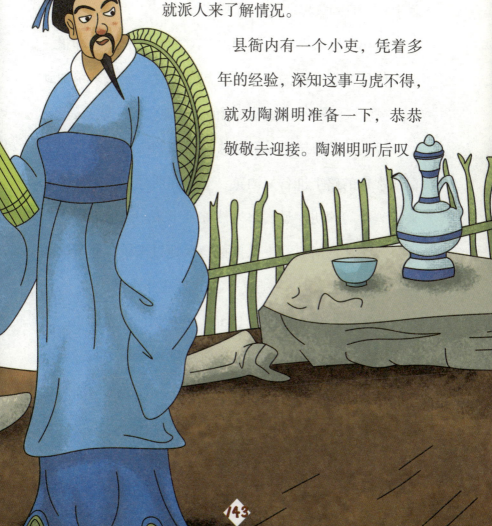

了口气，说："我不愿为了五斗米的**薪俸**（xīn fèng；薪水、俸给的合称），低声下气向那号人献殷勤。"他当即脱下官服，交出官印，走出衙门，回老家去了。

陶渊明回家以后，下田干起了农活儿。起先只是有心情时就干一点，到后来，生活的窘迫逼得他必须清早就下地，直到天黑才扛着锄头回来。

陶渊明同农民的关系很好，对那些达官贵人却很一般。他住的那个郡的刺史王弘想结识他，派人来请他到官府里叙谈。陶渊明理都不理他，让他碰了一鼻子灰。

后来，王弘想了一个办法，叫陶渊明的一个老熟人在他常走的路上准备好酒菜，等陶渊明经过时把他拦下来喝酒。陶渊明一见酒，果然停了下来。当他们两人喝得兴致正浓的时候，王弘摇摇摆摆地过来了，假装是偶然碰到的，也来加入一起喝酒。这样总算认识了。

几年后，东晋名将檀（tán）道济到江州做刺史。他上任不久，就亲自登门拜访陶渊明，劝说陶渊明出去做官，并要送给他酒食，都被陶渊明回绝了。此后，陶渊明过起了隐居乡野的生活，不再与官场有任何往来。

世外桃源

晋朝的大文学家陶渊明，曾写过一篇有名的《桃花源记》，内容是描写晋朝武陵一个捕鱼人所遇到的奇事。

有一天，一个渔夫驾着小船往上游划。他不知划了多远，忽然发现在河岸青翠的草地旁，有一大片艳丽的桃花林，不由得看呆了。他又继续向前，不久看到一座小山，在山腰处有一个小洞口，渔夫好奇地下了船，从洞口爬进去，想看个究竟。

他来到里面，看到这里土地平坦开阔，房屋整整齐齐，有肥沃（wò）的田地、美丽的池塘和桑树竹子之类。田间小路交错相通，村落间能听到鸡鸣狗叫的声音。那里面的人们来来往往，耕田劳作，老人和小孩都悠闲自在，自得其乐。

那些人见到渔夫后，都热情地和他闲谈。这些人告诉渔夫说，他们的祖先原是为了逃避秦朝的战乱，才率领村人隐居到这里来的。渔夫把朝代的变更告诉他们，他们听了都十分惊讶。

几天后，渔夫依依不舍地跟大伙儿告辞。临走前，村里人对他说："不要向外面的人说起这件事。"渔夫同意了。可是他回去以后，仍把这件奇遇报告了太守，但太守派人和他一起沿着原路去找时，却怎么也找不到了。

知识补给站

刘裕曾先后两次北伐，都取得了哪些战果？

刘裕在东晋末年，对内消灭割据势力，统一南方；对外两次北伐，先后灭南燕、后秦等国，以却月阵大破北魏，降服仇池，相继收复淮北、山东、河南、关中等地，并光复洛阳、长安两都。

刘裕发明的"却月阵"是一种怎样的战法？

却月阵，即在距水百余步之处用战车百乘布下弧形，两头抱河，以河岸为月弦，每辆战车设置 7 名持杖士卒，共计 700 人；布阵后，再派 2000 士兵上岸接应，并携带大弩百张，每辆战车上各加设 20 名士卒，并在车辕上张设盾牌，保护战车。此阵杀伤力非常强，可起到"置之死地而后生"的效果。

东晋画家顾恺之为何被称为"虎头三绝"?

顾恺之是东晋的杰出画家、诗人。他博学多才，擅诗赋、书法，尤善绘画，精于人像、佛像、禽兽、山水等。当时的人们称他为画绝、才绝和痴绝。顾恺之作画，意在传神，其"迁想妙得""以形写神"等论点，为中国传统绘画的发展影响很大。

陶渊明为何自称"五柳先生"?

陶渊明之所以自称五柳先生，是因为他居住的宅屋旁边栽植有五棵柳树，因此就用"五柳"作为别号。除此之外，陶渊明喜爱田园的隐居生活，自由自在，以树为号，更能体现他淡泊名利、恬淡自然的秉性。这在陶渊明的《五柳先生传》中，也得到了有力的证明。